AF375988

NOTES

L'ORGANISATION

DES COLONIES

NOTES

SUR

L'ORGANISATION

DES COLONIES

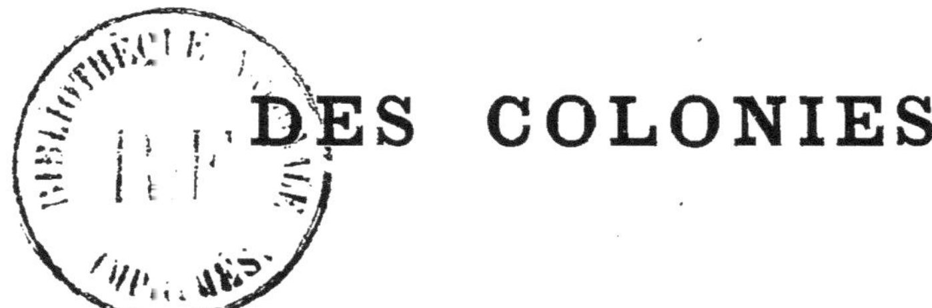

PAR

Paul DISLÈRE

———

PARIS

SOCIÉTÉ D'IMPRIMERIE ET LIBRAIRIE ADMINISTRATIVES

PAUL DUPONT

24, RUE DU BOULOI (HOTEL DES FERMES)

—

1888

NOTES

SUR

L'ORGANISATION DES COLONIES

CHAPITRE PREMIER

Politique coloniale de la France.

Notre but n'est pas de traiter *in extenso* la question de la politique coloniale, de l'utilité ou de la nécessité de conserver, d'étendre, d'acquérir certains territoires lointains; nous voulons seulement nous occuper de l'organisation des colonies actuelles, de leurs relations avec la métropole, mais nous ne saurions aborder cette étude sans passer tout d'abord rapidement en revue les conditions générales d'existence de nos possessions d'outre-mer.

La France doit-elle conserver son empire colonial? doit-elle chercher à l'étendre? Peut-être serait-il possible et avantageux d'abandonner une petite partie de ce que nous possédons; c'est là une question à examiner de très près ; mais ce qui nous paraît certain, c'est qu'il serait contraire aux véritables intérêts du pays de chercher à planter notre pavillon sur de nouveaux points du globe; quelques agrandissements autour des possessions actuelles présenteraient seuls de l'intérêt.

Les sacrifices à faire pour de nouvelles extensions territoriales sont presque toujours hors de proportion avec les résultats que l'on peut en attendre dans le présent et quelquefois même dans l'avenir. Que l'on prenne pour exemple l'Indo-Chine : nous possédons là une magnifique colonie ; mais si dès 1874 on avait voulu prévoir ce que coûterait la politique d'expansion que l'on inaugurait, se serait-il trouvé quelqu'un en France pour l'accepter ? Lorsqu'on pose le pied sur un sol nouveau avec un esprit de conquête, on introduit un des nombreux tentacules du budget dans un engrenage qui l'étire sans qu'il soit possible de prévoir jusqu'où le conduira sa limite d'élasticité. Si l'opération est tentée sur un continent, on gagne peu à peu jusqu'à ce qu'on arrive en contact avec des voisins assez puissants pour résister ; alors c'est la guerre. Et on ne peut pas dire que les îles, les petites îles elles-mêmes aient des limites tellement précises que l'on sache où l'on s'arrêtera : ne voit-on pas la Nouvelle-Calédonie servir de point de départ à une expansion vers les Nouvelles-Hébrides ?

En 1874, le drapeau français était planté en Cochinchine depuis quinze ans ; des intérêts cléricaux, qui se couvraient en partie d'avantages commerciaux futurs, de débouchés ouverts à l'industrie européenne, nous conduisirent au Tonquin : un député, M. George Périn, seul eut alors la prescience de ce qui allait se produire : dans la séance de l'Assemblée nationale du 4 août 1874, il signala les conséquences probables du traité, l'extension de notre occupation à de nouvelles provinces, l'éventualité d'expéditions incessantes et meurtrières, l'obligation de recourir à la force pour faire exécuter les engagements contractés par l'Annam.

A cette époque il était facile de s'arrêter : la Cochinchine, séparée de ses voisins par des territoires déserts ou très difficiles à explorer, par les tribus Moïs formant un rempart presque infranchissable aux incursions de l'Annam, exerçant sur le Cambodge une action efficace, la Cochinchine formait un tout suffisamment compact. Le jour où une majorité considérable ratifia le traité du 15 mars 1874, acceptant les faits accomplis, la conquête de l'Indo-Chine devenait une nécessité ; on pouvait s'en douter, M. Geörges Périn l'avait dit, mais ce qu'il n'osait sans doute prévoir lui-même, c'étaient le nombre d'hommes, le chiffre de millions qu'il faudrait sacrifier pour arriver au résultat désiré.

Ce que nous disons de l'Indo-Chine, ne pourrait-on le dire avec plus de raison peut-être encore de Madagascar ou du Congo ?

Mais si nous sommes opposé à toute occupation nouvelle, nous ne le sommes pas moins à un abandon des possessions actuelles *et utiles*. Nous avons toujours regretté le vote de 1874, nous avons toujours pensé qu'il aurait été possible d'en retarder les effets, mais depuis qu'au commencement de 1882, on se décida à sortir de la politique expectante par l'envoi au Tonquin du commandant Rivière, il n'y avait plus à hésiter : l'extension de l'action française dans toute l'Indo-Chine jusqu'au Cambodge inclusivement devenait indispensable et à bref délai.

Abandonner aujourd'hui ce qui a été fait, avoir sacrifié inutilement des millions de piastres et, ce qui vaut plus encore, les milliers de soldats français morts depuis dix-sept ans, en vue d'assurer à la France une riche colonie, nous ne pourrions y songer.

Des compagnies industrielles, ou plutôt financières, entreprennent bien souvent des travaux qui doivent, lorsqu'ils seront terminés, donner d'excellents résultats ; une première compagnie y laisse son capital, une seconde l'imite, une troisième, ayant racheté à vil prix les travaux de ses devancières, achève l'œuvre : devrait-elle l'abandonner parce que l'opération était détestable au début ? Il en est de même en Indo-Chine : on ne devait pas y aller, on doit y rester et ce que nous disions de cette possession, parce qu'elle est la plus importante de toutes, parce qu'elle a fait l'objet des plus vives contestations, nous pourrions le dire également des autres, de celles, du moins, où nous sommes installés et pour lesquelles il existe un certain intérêt de conservation (1).

Le mode d'extension de notre action à de nouveaux pays a été modifié, depuis quelques années surtout : on a pensé que le régime du protectorat était préférable à celui de la souveraineté. Nous avouons ne pas bien comprendre cet avantage (2); un protectorat au loin ne peut s'exercer que de deux manières : — ou l'on se désintéresse des profits que la métropole peut en retirer, et alors ce sont des dépenses en pure perte et le seul avantage est d'empêcher de prendre pied dans ce pays quelque puissance colonisatrice à l'affût de nouvelles possessions — ou l'on cherche un profit quelconque pour notre commerce et alors on est obligé de prendre une part active à la direction des affaires, on rencontre toutes les difficultés d'une colonie, difficultés plus sérieuses même, puisqu'on se heurte à une administration possédant une plus grande autonomie que nos conseils délibératifs. Les dangers de conflits avec des étrangers sont d'ailleurs les mêmes dans les deux cas, puisque les relations étrangères sont abandonnées au protecteur et que celui-ci prend par suite la responsabilité des questions qui peuvent s'élever.

(1) Dans la séance de l'Assemblée nationale du 4 août 1874, M. Georges Périn, combattant la conquête future du Tonquin, reconnaissait qu'il n'était plus question alors d'abandonner notre colonie cochinchinoise : « Il y a, disait-il, un fait acquis dont il faut tenir compte. » N'en est-il pas de même aujourd'hui pour le reste de l'Indo-Chine?

(2) Il va sans dire que nous ne parlons ici que de colonies et que nous ne rangeons nullement dans cette catégorie un pays comme la Tunisie, situé dans le bassin de la Méditerranée, rattaché à la civilisation, à la vie européenne, pour lequel le régime du protectorat est naturellement tout différent de ce qu'il peut être en Annam ou au Cambodge.

Avant d'examiner le rôle de chacun de nos établissements actuels dans le système colonial de la France, et d'en déduire par suite les règles qui doivent présider à leur constitution, il est nécessaire de passer brièvement en revue les motifs pour lesquels un pays peut avoir intérêt à posséder des territoires sur les différents points du globe.

Ces motifs peuvent se rattacher à cinq ordres de considérations : l'expansion de la race, l'extension des pouvoirs de l'État, les intérêts commerciaux, la constitution en cas de guerre maritime de points d'appui aux escadres ou aux navires isolés, la création de lieux d'exil pour les individus dont la présence est un danger sérieux dans la métropole.

Il y a eu encore — mais nous le laissons de côté — parmi ces motifs, celui de faire prévaloir certaines idées, certaines théories politiques ou religieuses ; la propagande en faveur d'une religion par exemple, qui jadis a été la raison d'être dominante de la politique coloniale, n'aurait plus maintenant, nous l'espérons, le pouvoir de motiver un vote analogue à celui de 1874. Nous laissons également de côté les revenus directs que l'on tirait autrefois des *pays des épices* et sur lesquels on ne peut plus compter aujourd'hui, à moins de recourir aux procédés des Hollandais à Java, qui n'auraient guère chance d'être accueillis par nos assemblées délibérantes.

La nécessité de constituer des colonies de peuplement s'impose peut-être chez les nations qui présentent une exubérance de population que l'on ne rencontre malheureusement pas en France ; il faut des soupapes de sûreté aux pays qui produisent plus d'enfants que d'aliments pour les nourrir. Tel n'est pas le cas pour nous ; le nombre de nos compatriotes qui consentent à abandonner nos belles

campagnes est si restreint que les territoires dont nous dis-
posons aujourd'hui suffisent amplement pour les recevoir.

Mais même pour les pays dans lesquels l'émigration est
nécessaire, l'utilité des colonies de peuplement ne nous paraît
pas complètement démontrée. On a prétendu, en Angleterre
surtout, qu'il est nécessaire aux émigrants de retrouver leur
langue, leurs lois, leurs habitudes; cependant ce n'est
pas vers les colonies françaises, où quelques-uns auraient,
jadis du moins, trouvé les moyens de réussir, que les Basques
se sont jamais dirigés, c'est à la Plata, à San Françisco, en
Égypte que l'on rencontre des agglomérations importantes
et prospères de nos compatriotes. Les Irlandais préfèrent, en
général, les États-Unis à l'Australie ou au Canada, où ils re-
trouveraient — ce qu'ils ne désirent peut-être pas beaucoup,—
leurs lois. Les Allemands fournissent le plus grand élément
à l'émigration et pourtant ce n'est pas vers les contrées nouvelles où flotte le drapeau de l'empire que se dirige le courant le plus important.

Et d'ailleurs un pays a-t-il quelque avantage à constituer
des colonies de peuplement? n'est-il pas exposé à se voir
enlever à leur profit ses enfants les plus entreprenants?
Lorsque Turgot a dit que les colonies étaient un fruit qui ne
tient à l'arbre que jusqu'à sa maturité, il ne pouvait viser
que cette nature d'établissements, mais en ce qui les concerne il avait grandement raison. Les liens avec les pays
d'origine se relâchent bientôt; les distances font oublier
les relations de famille, il s'en constitue de nouvelles et du
groupement de ces familles naît peu à peu un état nouveau
qui s'essaye rapidement à marcher sans lisière, qui s'aigrit
contre la métropole et finit par se détacher pour tenter de
vivre seul et indépendant. Mais la vie autonome ne lui est
guère possible aujourd'hui et si la séparation a pu jadis donner l'indépendance aux États-Unis, il n'en serait nullement de

même maintenant; des colonies de peuplement n'échapperaient à l'action de la mère patrie que pour passer rapidement sous le joug d'une autre puissance, celle-ci profiterait des sacrifices faits par la première en vue de constituer la colonie qu'elle aurait émancipée peu à peu. C'est ce qui arrivera sans doute pour le Canada et l'Australie, le jour où après s'être séparés de l'Angleterre, ils tomberont entre les mains, l'un des États-Unis, l'autre de l'Allemagne.

Nous préférons de beaucoup aux colonies de peuplement, telles qu'elles pourraient se constituer aujourd'hui, les agglomérations libres de citoyens français qui se sont petit à petit formées dans les pays étrangers; elles ne coûtent rien au budget métropolitain, il n'est besoin ni de les administrer, ni de les protéger; soumises en grande partie à des lois étrangères, elles en sentent les inconvénients et ne voyant qu'à travers l'espace des mers les lois métropolitaines et les obligations qu'elles imposent, elles ne se lassent pas du lien qui les rattache à la mère patrie. Du moment où elles sont assez nombreuses pour constituer un groupement sur lequel la nationalisation étrangère n'a pas de prise, elles restent profondément françaises. De brillants exemples de ce dévouement à la mère patrie n'ont-ils pas été donnés à maintes reprises depuis dix-sept ans par nos compatriotes d'Égypte, du Brésil, des États-Unis, de San Francisco en particulier?

Quant aux débouchés industriels, question que nous examinerons plus loin, on peut arriver de cette manière aux mêmes résultats que dans les colonies de peuplement; pour celles-ci, en effet, on est rapidement amené à leur accorder des pouvoirs considérables en matière économique et elles deviennent bientôt tout aussi protectionnistes contre les importations métropolitaines que les pays étrangers où se sont établies nos colonies volontaires.

A côté des colonies de peuplement, que nous ne croyons pas utiles pour nous, viennent se placer les colonies d'exploitation, celles que la métropole gère pour son plus grand avantage, où elle compte peu de citoyens et beaucoup de sujets ; c'est ce que nous pouvons et devons rechercher : l'extension non de la nation française, mais de l'État français. La puissance de l'État s'accroît par les débouchés que rencontre son commerce : il lui est facile de résister pendant de longues années, des siècles peut-être, contre ce mouvement qui porte chaque nationalité à se constituer à part ; et si un jour le malheur veut qu'une de ces colonies lui échappe, il a au moins la consolation de ne se voir enlever qu'un petit nombre de ses enfants. Les colonies d'exploitation enfin, ne peuvent que très difficilement posséder les moyens de se séparer de la métropole : si elles sont petites, ces tentatives sont facilement comprimées ; si elles sont grandes, elles ne réunissent pas les éléments indispensables pour donner de l'unité à une communauté.

Même nationalité, même religion, même intérêt : voilà ce que l'on a bien souvent proclamé les trois éléments d'une communauté politique ; mais où trouverait-on, dans l'Inde ou dans l'Indo-Chine telles que l'une est constituée et que l'autre se constitue aujourd'hui, où trouverait-on la communauté de nationalité ? Les boudhistes et les musulmans dans l'Inde, les Annamites, les Chinois des différentes congrégations, les Khmers, les Moïs, les Chams, les Thaï (1) dans l'Indo-Chine ne se fondront jamais facilement. Quant aux intérêts, il suffit de se rendre

(1) La grande masse de la population de l'Indo-Chine française se compose d'Annamites, de Khmers et de Moïs, mais la race siamoise, les Thaï, occupe en grande partie les montagnes. Les Muongs sont de race Thaï ; M. le docteur Neïss a trouvé sur la frontière de Chine, presque jusqu'à la mer, des populations parlant une langue très voisine du siamois. Quant aux Chams de race malaise, ils ont une importance très réelle dans le Binh-Thuan.

compte des dissensions actuelles entre les radjahs, dont les uns implorent le czar et les autres offrent des subsides à l'impératrice des Indes, entre les représentants de la Cochinchine et du Tonquin, lorsque les questions douanières sont en jeu, pour être persuadé que cette communauté d'intérêts se heurterait à d'invincibles obstacles.

La colonisation est une opération qu'on ne saurait justifier si elle n'avait pour but d'ouvrir des débouchés au commerce, et par lui à l'industrie nationale. Les Hindous sont devenus peu à peu d'énormes consommateurs pour le marché anglais ; nous devons nous efforcer d'obtenir le même résultat dans nos colonies, d'une part, en inspirant aux indigènes le besoin de nos produits, en les amenant aux raffinements de la civilisation, en les incitant par suite à travailler davantage pour se procurer ces produits, dont ils sentent peu à peu la nécessité ; de l'autre, en demandant à nos industriels et à nos commerçants de transformer leurs procédés, leurs moyens d'action, de manière à fournir des produits mieux acceptés par les indigènes, à se plier aux usages commerciaux que nos concurrents connaissent mieux que nous. Il existe encore un troisième moyen : c'est la protection — la protection très sérieuse — ; si elle est difficilement applicable dans une colonie de peuplement où le citoyen français se croit en droit de réclamer, par réciproque, un régime de faveur pour ses produits, il n'en est pas de même vis-à-vis de sujets français. La métropole a fait des sacrifices considérables : c'est le sang de ses enfants qui a coulé pour conquérir le pays, c'est son or qui s'est transformé en routes, en quais ; il lui appartient de retirer un profit de ses avances en assurant de l'ouvrage à ses usines, du débit à ses comptoirs. La conséquence est qu'il convient d'établir dans chaque colonie un régime douanier aussi élevé que peuvent le supporter les indigènes, en substituant autant que possible cet impôt aux autres charges des contribuables.

Nous passerons rapidement sur les deux derniers ordres de considérations que nous avons indiqués au début, l'utilité des colonies comme points de ravitaillement pour les escadres et les croiseurs en temps de guerre, ou comme lieu d'exil pour certains condamnés.

La nécessité d'avoir sur un grand nombre de points du globe des arsenaux où, à l'abri du drapeau français, les navires de guerre peuvent se réparer, trouver des vivres et surtout du charbon, où les navires de commerce peuvent se mettre à l'abri des croiseurs ennemis, est nettement démontrée aujourd'hui. L'*enlistment act,* pour ne citer que cet exemple, en fermant les dépôts de charbon anglais à nos escadres de l'Extrême Orient, nous a prouvé récemment qu'il ne faut compter que sur nous. Mais, à ce point de vue, il ne suffit pas d'avoir une terre française, il faut encore, ce qui a été trop négligé depuis bien des années, que cette partie détachée du sol national soit protégée de manière à résister aux insultes du moindre navire ennemi. Il faut que sur cinq ou six points au moins de nos possessions il existe une rade suffisamment fortifiée pour qu'un navire en avaries puisse s'y retirer, pour que quelque obus lancé par un croiseur de passage ne vienne pas incendier les magasins et les parcs à charbon. Avec Dakar, les Saintes, Saïgon, un ou deux points dans la mer des Indes, un autre en Océanie, au besoin en Nouvelle-Calédonie, nos navires peuvent porter, sans préoccupation aucune, leur pavillon à travers toutes les mers du globe.

Les lieux d'exportation pour les criminels de certaines catégories constituent des colonies de peuplement d'une nature particulière ; nous pensons que la loi sur la relégation peut, à ce point de vue, donner quelques bons résultats, à la condition de faire des catégories bien nettes, bien séparées de relégués, mais nous sommes persuadé que la transportation doit être, sinon supprimée, tout au moins considérablement modifiée. Nous ne pouvons considérer la colonisation pénale seule comme ayant les moindres chances de réussite ; c'est un débarras pour la métropole, un exutoire ouvert aux scories de la population ; mais il ne faut pas songer à faire souche dans un pays quelconque avec de pareils éléments. Les colonies pénitentiaires ne peuvent être considérées que comme des prisons à perpétuité ou pour un temps très long, où l'on supporte la durée anormale de la détention grâce au régime de demi-liberté que l'on peut y accorder aux détenus. Il faut que la France puisse disposer, dans ses établissements d'outre-mer, de terrains assez vastes pour y constituer ces prisons, mais on a évidemment dépassé le but en cherchant parmi les libérés des éléments de colonisation, et en leur réservant d'énormes espaces; même en tenant compte des relégués, sur lesquels une centaine au plus chaque année seront en mesure de jouir de la relégation individuelle, il n'y a pas lieu de se préoccuper d'une augmentation du domaine pénitentiaire actuel, qu'il sera même possible de réduire.

§ 2

Si, en nous plaçant au point de vue des diverses considérations que nous venons d'exposer, nous passons en revue nos différents établissements d'outre-mer, recherchant leur utilité, les avantages qu'ils peuvent offrir à la France, nous sommes amené tout d'abord à mettre de côté certaines colonies pour lesquelles leur éloignement de la métropole peut seul motiver encore cette dénomination.

La Martinique, la Guadeloupe, la Réunion, Saint-Pierre-et-Miquelon sont, à tous les points de vue, assimilables à la France continentale, et si, pour les trois premières seulement, nous désirons la transformation en départements soumis à toute la législation ordinaire, c'est que Saint-Pierre-et-Miquelon est trop petit pour constituer un organisme départemental. Une population de 5,600 habitants ne permet pas d'établir, même réduits à leurs éléments essentiels, des rouages présentant la moindre complication : ceux qui existent aujourd'hui sont déjà trop coûteux..

Saint-Pierre et Miquelon, d'ailleurs, par leur situation à proximité des lieux de pêche, constituent une colonie indispensable à la prospérité de cette industrie. Il est trop facile de voir, par le développement continu des prétentions anglaises à la côte ouest de Terre-Neuve, que nos droits de pêche ne peuvent être conservés que là où flotte notre pavillon, où nous exerçons notre autorité. Or, la pêche au banc de Terre-Neuve emploie chaque année 300 navires, 4,300 matelots (1); elle représente un

(1) Il faudrait ajouter 1,200 petits bateaux de Saint-Pierre et de Miquelon montés chacun par deux ou trois hommes.

commerce de plus de 13 millions; il importe, à tous les titres, d'en assurer le maintien et d'en protéger le développement. La prospérité de Saint-Pierre-et-Miquelon en est la condition essentielle.

Les Antilles, si on ne les considérait qu'au point de vue colonial, ne présenteraient guère un intérêt suffisant pour motiver les dépenses qu'elles entraînent : leur population, forcément très restreinte malgré sa densité, ne constitue pas un marché assez important pour que le commerce français y trouve des débouchés en rapport avec ce qu'elles coûteront toujours au trésor : les points d'appui que nos escadres y rencontreront ne peuvent guère être constitués, sauf aux Saintes, qu'au prix d'énormes sacrifices. Mais les Antilles sont pour nous tout autre chose qu'un établissement à conserver par intérêt : si elles ne peuvent être considérées que pour une très faible part comme d'anciennes colonies de peuplement, puisque la race française y est aujourd'hui en très faible minorité, elles ne doivent pas moins être traitées comme de véritables fragments de la nation française, avec laquelle tout est commun : langue, instruction et patriotisme; le lien qui les attache à nous, qui nous attache à elles est bien plus puissant que celui de l'intérêt : c'est un lien familial qui domine tous les autres.

Si nous descendons à la Guyane, nous rencontrons encore d'anciens colons français, et un certain nombre de citoyens nouveaux; mais les uns et les autres sont perdus sur un immense territoire que parcourent des tribus autochtones et qu'habitent dans les environs des placers des gens de toute nationalité, comme on en rencontre partout où règne, ou a régné, la fièvre de l'or. La Guyane n'offre actuellement qu'un débouché peu important au commerce métropolitain (1) : pourra-t-elle en offrir un jour ? Peut-être ne faut-il pas perdre tout espoir. Quelque doute que l'on puisse avoir à ce sujet, on ne doit pas se dissimuler que des hommes de grande valeur qui ont visité le pays (2) croient que l'on arrivera à remettre en valeur les savanes aujourd'hui incultes, le jour où l'on aura construit un réseau de routes sillonnant la colonie, permettant les communications avec la mer ou avec les centres de population. L'expérience peut encore être tentée : d'une part, les condamnés aux travaux forcés, que l'on s'est décidé à diriger sur ce pays, sont en mesure, si on veut les faire travailler réellement, d'ouvrir ces routes ; de l'autre, les relégués constituent un élément de mise en valeur qui pourra peut-être, en rayonnant du Maroni, s'étendre peu à peu (très lentement, il ne faut pas se faire d'illusion à ce sujet) sur une partie du pays.

A la côte occidentale d'Afrique, nous rencontrons deux groupements de colonies bien différents par les résultats que l'on peut en attendre : le Sénégal et le Congo. Le Sénégal n'est pas seulement un pays consommateur, mais encore un pays producteur. Grâce aux nombreux comptoirs de la côte, où des tarifs douaniers suffisants et intelligemment établis permettront aux maisons françaises de monopoliser, comme nos adversaires le font chez eux, le commerce avec l'intérieur, grâce à cette admirable pointe au cœur de l'Afrique qui, avec le Sénégal et le Niger reliés par une route carrossable, conduit jusqu'à Tombouctou, grâce à

(1) Les importations totales se sont élevées en 1886 à 7 millions et demi, dont 5 millions de marchandises françaises *ou des colonies françaises.*

(2) Voir, par exemple, les articles que M. Léveillé, professeur à la Faculté de droit de Paris, a publiés dans le journal le *Temps.*

l'action que nos traités nous assurent au Fouta-Djallon, nous pouvons plus rapidement, plus facilement que tous nos concurrents, faire un marché français, tant pour l'écoulement de nos marchandises que pour l'achat des produits du sol, de toute la région comprise entre le 10ᵉ et le 19ᵉ degré de latitude, le 1ᵉʳ et le 20ᵉ degré de longitude. Il faut pour cela que la métropole conserve la haute main sur tout ce pays et que le Conseil général de Saint-Louis ne puisse pas, par des mesures dont l'effet se répercuterait en dehors du territoire local proprement dit, empêcher l'action de la France de s'exercer d'une manière absolue en vue des véritables intérêts du pays. C'est bien là que l'on peut rappeler les nombreux millions dépensés par le budget colonial et surtout les soldats qu'y ont fauchés la fièvre jaune et de fréquents combats, et que l'on doit se demander si tout cela a été sacrifié pour qu'un conseil élu par une population dont une grande partie n'est pas soumise aux lois françaises, vienne régler — directement ou indirectement — les conditions imposées à notre commerce.

Si nous sommes persuadé du grand avenir réservé au Sénégal, nous nous demandons avec une certaine anxiété ce que l'on pourra retirer du Congo ou de son annexe le Gabon. Cette dernière colonie vivait tant bien que mal, ne coûtant presque rien à la France, sans utilité sérieuse pour la métropole, mais aussi sans inconvénient, lorsque à la suite des voyages d'un vaillant explorateur, l'idée est venue de faire grand sur ce coin du globe, et nous sommes aujourd'hui au Congo, dans une situation assez peu définie, dans une colonie sans lois, ou dans un protectorat sur des demi-sauvages. Ceci serait peu de chose, une objection temporaire et qu'on lèverait assez rapidement, si l'on pouvait savoir à quoi servira cette conquête, car conquête et luttes il y aura. Au début, nous avions des troupes irrégulières recrutées un peu partout; le Congo était une terre neuve, on pouvait y renouveler les exploits de Fernand Cortez. Mais ces troupes irrégulières ont bientôt sans doute été reconnues insuffisantes, car on a dû envoyer tout-d'abord au Gabon une section de tirailleurs sénégalais, puis cette section est devenue tout récemment (1) un corps spécial de deux compagnies. Or, ce n'est évidemment pas pour les rares habitants du Gabon que cette force militaire est nécessaire, à moins que ce pays, si tranquille autrefois, n'ait été remué par la grande entreprise voisine : ce sont sans doute les premiers éléments de la force armée indispensable pour garder les 600,000 kilomètres carrés de notre possession équatoriale.

D'ailleurs les froissements sont à craindre avec nos voisins de l'état libre du Congo ; si la prise de possession a été faite aisément, en admettant qu'il y ait eu prise de possession, la conservation du territoire présentera peut-être quelques difficultés. Et quel sera le résultat de ces sacrifices ? Le commerce français s'est-il développé ? Nous en doutons. D'une part, au Gabon il a fallu supprimer, paraît-il, les tarifs douaniers (2); de l'autre, les marchandises destinées aux échanges avec les sauvages des rives du Congo, de l'Alima ou de la Licona, ne représentent qu'une dépense de moins de 800,000 francs.

Existe-t-il même quelques chances de développement de ce commerce ? Nous ne le pensons pas, car les limites si faciles à franchir entre nos possessions et l'état libre du Congo

(1) Décret du 6 juillet 1887.

(2) Ce renseignement a été publié, mais il nous paraît douteux, car on pourrait se demander en vertu de quel texte ces tarifs, établis conformément à la loi du 7 mai 1881, auraient pu être supprimés sans qu'on obéît aux formalités prescrites par cette loi.

permettent à celui-ci de nous inonder de marchandises dont ses dcuanes auront profité (1).

Nous ne supposons pas d'ailleurs qu'on ait voulu établir dans ces parages des colonies de peuplement : l'envoi sous ce climat des condamnés à la relégation ou à la transportation soulèverait de vives récriminations et nous nous demandons alors en quoi il peut être utile à la France de conserver cette terre brûlée dont nous n'avons encore vu que le début des dépenses.

Obock est un dépôt de charbon, indispensable pour le ravita.llement de nos navires et qu'il faudra sans doute fortifier. Peut-être a-t-il été utile de l'étendre un peu pour empêcher d'autres nations de s'établir trop près de nous; mais on est évidemment arrivé à la limite, si on ne l'a pas dépassée, de notre action utile, et il ne faudrait pas d'ailleurs dévier du but que l'on s'est proposé et chercher à faire d'Obock le point de départ d'une action vers l'intérieur.

Nous arrivons au groupe de l'Océan Indien, composé de la Réunion, de Madagascar — ou du moins de ce que nous en possédons — de Mayotte, de Nossi-Bé, et des Comores.

La Réunion est dans la même situation que les Antilles ; nous n'en parlerons donc pas, c'est une terre française.

Quant à Madagascar et ses annexes, Nossi-Bé et Sainte-Marie de Madagascar, la question qui se soulève à ce sujet est une des plus importantes en matière de colonisation, car il y a en France un courant très vifs

---

(1) Le commerce d'exportation de l'Angleterre vers la côte occidentale d'Afrique (y compris le Cap) a passé de 1885 à 1887, de 1,348,000 livres sterling à 1,629,000; soit une augmentation de plus de 20 0/0. Il est probable que les nouveaux établissements du Congo y entrent pour une part assez élevée.

pour reconquérir cette île, où nous avons jadis occupé certains points. Pour les uns, c'est un souvenir de la royauté ; pour d'autres c'est un champ ouvert à l'évangélisation et à la lutte contre les missionnaires anglais ; pour quelques-uns c'est un débouché à notre commerce, des terres de colonisation à donner à nos compatriotes de la Réunion ; pour d'autres, enfin, c'est une colonie à créer avec toute son administration et ses emplois à distribuer. Plusieurs de ces arguments ne sont pas sérieux ; deux, cependant, le développement de notre commerce et la possibilité de donner un débouché aux Français de la Réunion, méritent qu'on les discute ; car s'il était possible de leur donner satisfaction, nos sacrifices seraient sans doute rémunérés.

Quel peut être notre commerce avec Madagascar ? Les derniers chiffres précis que nous possédons remontent à 1882 ; on a importé cette année 1,140,000 francs de produits de Madagascar en France, et nos exportations pour cette destination se sont élevées seulement à 1,620,000 francs. Ces exportations pourraient-elles augmenter dans une proportion sensible ? Non, croyons-nous, du moins dans les conditions actuelles : le traité passé avec les Hovas ne nous assure aucun avantage effectif, et les relations déjà établies avec les maisons américaines, avec les missionnaires anglais et surtout les fabricants de Bombay, ne permettent guère d'espérer une modification à cet état de choses.

Quant à la possibilité de créer des exploitations coloniales, comment pourrait-on y penser quand on songe à la nécessité de l'immigration proclamée constamment à la Réunion ? Il faudrait d'abord utiliser complètement les ressources de notre colonie comme terres de culture avant de songer à la faire coloniser elle-même une contrée voisine ; les terres de Madagascar sont plus riches, il est vrai, mais il faudrait des bras pour en tirer profit. Où les trouverait-on ?

Le commerce pourrait être conservé et même développé dans de notables proportions par une transformation
de notre situation dans ce pays. La politique qu'on y a suivie
depuis soixante ans n'a jamais brillé par la continuité des
vues, et devant ces tergiversations continuelles les différentes
peuplades ont essayé de lutter ; l'une d'elles s'est développée
plus que les autres, et son chef a fini par se faire reconnaître
par nous, en 1868, comme souverain de l'île. Plus tard, par le
traité du 17 décembre 1885, nous avons laissé — et cette fois
définitivement — affirmer ce principe, abandonné les droits que
nous possédions (1) en échange d'un petit territoire, Diego-
Suarez, et d'un protectorat dont nous devons peut-être atten
dre plus de difficultés que d'avantages. Avec le caractère
des Hovas, la propagande que les missionnaires d'outre-
Manche ne cessent d'exercer dans ce pays, il faut compter
sans doute sur une nouvelle levée de boucliers. L'expédition
de Madagascar devrait alors être recommencée sérieu-
sement, avec des moyens d'action suffisants pour que nous ne
soyons pas réduits à tirailler autour de quelques campements
sur la côte. Cette expédition faite, ne pourrait-on en profiter
pour se retirer complètement des affaires du pays, pour
abandonner les quelques territoires que nous y occupons
et pour réclamer en échange une contribution de guerre
considérable, exigeant comme compensation jusqu'au payement intégral, l'entrée et la circulation en franchise de
toutes les marchandises de la France et de ses colonies, la
constitution de la propriété et la possibilité pour nos natio-

---

(1) Le traité du 4 août 1868 ne reconnaissait que le titre de reine de Madagascar, ce qui n'impliquait pas plus la reconnaissance de sa souveraineté sur
nos territoires de la côte, que l'Angleterre n'abandonne ses droits sur Gibral-
tar en traitant avec la reine d'Espagne. Il en a été tout autrement en 1885, où
nous avons indiqué ce que nous conservons à titre de souveraineté, abandonnant tout le reste sous le vague régime du protectorat.

naux de s'établir et de posséder sans entraves dans le pays? Ces avantages, que l'on pourrait peut-être d'ailleurs obtenir sans attendre une expédition, ne seraient-ils pas très supérieurs à ceux que l'on peut espérer de l'état de choses actuel?

Mayotte et les Comores n'ont jusqu'à présent qu'une importance très faible, et il est à craindre qu'au point de vue industriel et commercial, ces îles continuent à ne nous offrir que des débouchés peu considérables : la rade de Mayotte, qui avait jadis été considérée comme un point d'abri indispensable à nos forces navales dans la mer des Indes, n'est plus nécessaire à ce point de vue si nous nous décidons à conserver la rade de Diego-Suarez, mieux abritée et beaucoup plus facile à défendre. Dans tous les cas, les établissements des Comores coûtent fort peu et nous avons un certain intérêt à ne pas laisser y établir une autre puissance européenne.

Les établissements de l'Inde, vestiges de notre ancienne splendeur coloniale, ont une importance historique considérable. Habités par une population très dense, mais consommant fort peu, ils sont sans intérêt pour notre commerce d'exportation et notre industrie auxquels ils demandent à peine 500,000 francs de produits par an. La somme relativement élevée que ces établissements coûtent à la France (550,000 fr. au projet de budget de 1888) n'est pas compensée, par suite, par les avantages qu'ils lui rapportent.

Il est vrai que cette population douce, calme, est restée dévouée à la France malgré les revers de notre politique dans l'Inde, et que c'est là une considération que l'on ne saurait oublier ; mais il est non moins certain que les conditions actuelles de nos établissements, égrenés au milieu des possessions anglaises, sont de nature à les rendre sans valeur, sans possibilité de développement. Des comptoirs sur cinq points sans communication facile, des loges sur lesquelles l'abandon en fait de nos droits a permis aux Anglais d'étendre des prétentions illimitées, des territoires découpés en lambeaux de terre sans lien, n'auront jamais aucun avenir. Nous ne pourrons parvenir à donner un peu de force à nos établissements qu'en en abandonnant une partie et formant, grâce à cet abandon, au moyen de cessions de l'Angleterre, deux ou trois colonies compactes et pouvant, — nous tenons à insister sur ce point — établir dans ces conditions des droits de douane protecteurs de nos produits.

La Nouvelle-Calédonie a reçu la destination à laquelle elle était appelée par ceux qui les premiers ont voulu y faire planter le drapeau français. On voulait une colonie pénitencière, on l'a constituée, mais l'idée, dominante au début, de la colonisation par les libérés a subi un échec presque complet ; il ne faut pas espérer faire souche de travailleurs, d'honnêtes gens avec les individus qui ont passé par les bagnes, moins encore peut-être avec les récidivistes que l'on commence à envoyer de ce côté. Il est pourtant nécessaire que l'on conserve la possibilité de donner du travail, des terres aux quelques rares individualités à qui des circonstances toutes spéciales ont permis de conserver, à la sortie des prisons, l'énergie, le désir du bien, nécessaires pour se livrer aux exploitations agricoles. La Nouvelle-Calédonie, indispensable comme établissement pénitentiaire, ne doit pas être détournée de ce but, mais il faut cependant songer à tirer quelque profit de ses ressources pour l'élevage des troupeaux, de ses richesses minérales, et pour cela il faut utiliser la main-d'œuvre pénale en vue de donner des moyens d'action, d'ouvrir des routes à la colonisation libre (1) ; celle-ci devra toujours être en

(1) Voir à ce sujet la lettre de M. Étienne, sous-secrétaire d'État, publiée dans le *Journal officiel* du 28 Septembre 1887.

majorité considérable, de manière à absorber sans danger les libérés qui, exceptionnellement, cherchent à rentrer dans la vie régulière. Nous ne parlons pas des Nouvelles-Hébrides qui ont failli être pour nous la source de difficultés heureusement résolues aujourd'hui ; c'est là une preuve nouvelle des dangers que présentent les tentatives d'expansion locale, ce que l'on pourrait appeler les colonies de colonies.

Nous terminons cette revue rapide par les établissements de l'Océanie auxquels le traité tout récent du 26 octobre 1887 a enfin donné les conditions géographiques nécessaires pour qu'ils puissent prospérer et pour que nous n'ayons pas à craindre un voisinage gênant. Jusqu'à présent, Tahiti et les archipels voisins ont vécu sans demander beaucoup à la métropole, sans grand intérêt il est vrai pour son commerce ; mais le moment approche où ce groupe d'archipels est appelé à prendre une importance considérable : si l'on considère, en effet, la route que les navires ont à suivre pour se rendre de Panama en Australie et à la Nouvelle-Zélande, on trouve, à une distance moyenne de 4,000 milles, c'est-à-dire à peu près aux deux tiers du chemin à parcourir (1), toutes nos possessions de l'Océan Pacifique barrant la route depuis le 5° jusqu'au 30° degré de latitude sud. Rapa, la moins importante en apparence de ces îles, celle qui est appelée peut-être au plus grand avenir comme dépôt de charbon et centre de ravitaillement, n'avait pas échappé à l'attention des Anglais et on a même publié qu'on l'aurait fait entrer dans une des combinaisons établies pour nous abandonner les Iles sous le vent. Notre diplomatie a eu la sagesse de résister à cette proposition.

Papeete, les rades de Raïatea et de Bora-Bora sont des points de relâche tout indiqués pour les navires qui se diri-

(1) Distances de Papeete : à Panama, 4,206 milles ; à Sydney, 2,418 ; à Auckland, 2,229.

geront sur l'Australie, la Tasmanie, la Nouvelle-Zélande ; avec les relâches nombreuses, le commerce de nos possessions ne peut manquer de grandir ; les produits locaux assurés de trouver des débouchés, des moyens d'exportation à prix restreints, se développeront peu à peu et l'agriculture prendra une part considérable dans la prospérité de cette colonie.

§ 3.

Nous l'avons déjà fait remarquer, il était préférable de ne pas nous étendre en Indo-Chine : quelque considérables que soient les avantages de notre prise de possession et l'avenir de notre colonie, ils ne pourront que bien difficilement compenser les sacrifices passés, la guerre avec la Chine et les conséquences de cette entreprise qu'il aurait beaucoup mieux valu ne pas commencer pour ne pas la mener à bonne fin ; mais nous y sommes — nous devons y rester. Pourquoi? c'est ce que nous essaierons de démontrer en indiquant très sommairement les espérances d'avenir que l'on peut concevoir pour notre établissement de l'Extrême-Orient.

Les différentes parties de l'Indo-Chine qui rentrent dans l'orbite de notre politique ne sont pas encore bien nettement limitées : si du côté de la Chine notre action s'arrête nécessairement aux frontières que nous avons acceptées, du côté de l'ouest les principautés Laotiennes constituent des territoires mal définis, sur lesquels s'étend une autorité plus mal définie encore. Le gouvernement siamois possède, paraît-il, de ce côté, des droits de suzeraineté ; on assure même qu'à la suite des invasions des Hos dans la région dé Luang-Prabang, il a envoyé une expédition pour réinstaller le vice-roi : s'il en était ainsi il ferait acte de souveraineté réelle, ne se contentant plus des impôts que chaque année il faisait percevoir jusqu'à présent. Dans tous les cas, que la souveraineté politique de Bangkok soit maintenue ou non dans le Laos siamois, celui-ci n'en reste pas moins soumis à notre action commerciale. La voie ferrée que l'Angleterre essaye de lancer de la Birmanie vers le Yunam sera, pendant bien des années encore, trop coûteuse ou d'un revenu trop aléatoire pour qu'il y ait lieu d'en craindre l'exécution, et nous nous trouverons avec nos routes terrestres et fluviales plus à portée que n'importe qui d'introduire nos produits dans le Laos. Que se soit en effet — pour la partie méridionale — par le cours même du Mékong ouvert grâce aux travaux de M. de Fésigny qui permettent d'atteindre Bassac; que ce soit — pour la partie centrale — par le Bang-Hieng ou le Bang-Faï et la côte à destination de Kemmarat, de Lakhone et même en suivant le fleuve, du bassin inférieur du Meïnam; que ce soit enfin — par le nord, — gagnant par les montagnes du Tran-Ninh, Luang-Prabang et le cours supérieur du Mékong; de tous les côtés notre commerce peut facilement atteindre ces régions occupées par des populations douces, travailleuses et pouvant devenir des consommateurs importants. C'est par la partie la plus septentrionale d'ailleurs qu'il nous paraît le plus intéressant de diriger nos tentatives commerciales. Il y aurait sans aucun doute un obstacle, l'occupation récente des vallées du Tranninh par des émigrants du Yunam, les fameux Pavillons-Noirs, qui se sont répandus de ce côté quand ils nous ont vu occuper solidement le cours du Fleuve Rouge; mais il paraît résulter des renseignements fournis par les voyageurs, notamment par le Dr Neiss qui, mieux que personne, a pu étudier ces peuplades, que dès qu'on les laisse s'établir tranquillement, ces guerriers féroces se transforment rapidement en paisibles agriculteurs. Se trouvant les maîtres de terres très fertiles présentant les plus grandes ressources pour l'élevage des troupeaux, ils deviendront, si on ne les tracasse pas, si on ne cherche pas à leur reprendre ce qu'ils ont pillé, de véritables alliés, nous facilitant les moyens de gagner le centre commercial de Luang-Prabang.

Il ne faut pas oublier que cette région nous offre, pour l'importation de nos produits, le débouché d'une population qu'on peut estimer à deux millions d'habitants et qui, aujourd'hui, fait venir ses quincailleries et ses étoffes de Bangkok pour la partie méridionale, de Moulmein et de Rangoon pour le Luang-Prabang. Quant à l'exportation, elle ne présenterait pas au début de très grandes ressources ; cependant il serait possible de tirer du pays des arachides, de la soie, du coton de qualité un peu inférieure et enfin du cuivre de Bassac qui, dès maintenant d'ailleurs, peut arriver en Cochinchine par le Mékong. Les relations avec le Yunam et les deux Kuang nous assurent en outre, à bref délai, des débouchés importants.

Lorsque le Parlement a eu la sage pensée de voter une loi de protection nous réservant le marché de l'Indo-Chine, il a su, se plaçant au-dessus des considérations théoriques de certaines écoles économiques, ne craignant pas des représailles qu'on serait fort en peine d'exercer contre nous, envisager les vrais intérêts de nos centres manufacturiers ; il a cherché à assurer du travail à nos ateliers, du pain à nos ouvriers. Nous aurons l'occasion de revenir sur cette question (voir chap. V), mais dès maintenant nous pouvons constater que le résultat cherché a été atteint : les renseignements relatifs au Tonquin n'ont pas encore été publiés ; mais pour la Cochinchine on sait que, malgré une introduction de plus de 30 millions de marchandises pendant les mois qui ont précédé l'application du tarif douanier, les perceptions douanières se sont élevées peu à peu de 67,000 francs en juillet à 129,000 francs en août et 153,000 francs en septembre. Il est presque certain qu'on atteindra, pour la Cochinchine seule, une perception de 2,500,000 francs en 1888.

On avait paru craindre des représailles de la part de certaines colonies anglaises, mais cette crainte ne s'est nullement réalisée : à Hong-Kong, à Singapore, les journaux ont entrepris contre nos produits indo-chinois une campagne, de courte durée d'ailleurs, qui n'a été suivie d'aucune conséquence effective. Il est bien évident, en effet, que nos produits d'exportation n'ont que des débouchés infimes dans les colonies anglaises et que le plus grand mal qui puisse arriver, l'abandon de ce marché, serait sans inconvénient considérable (1). Il en est de même pour l'Indo-Chine qui exporte surtout du riz et qui se trouve naturellement partout en concurrence avec l'Inde anglaise.

Les consulats que nous allons créer à la frontière de Chine nous ouvriront de leur côté de grandes facilités commerciales ; le traité signé par M. Constans le 27 juin 1887 a ouvert à notre commerce les trois villes de Long-tcheou au Quang-Si, de Mongtsen et de Manhoa au Yunam ; Long-tcheou peut communiquer par eau soit avec Langson, soit avec Caobang, et par une route mandarine avec Langson ; Mongtsen et Manhoa sont reliées à Laokaï par le fleuve Rouge. Le cuivre et l'étain du Yunam qui jusqu'à présent ne trouvaient pas de débouchés pourront, grâce aux tarifs réduits de transit, être expédiés par nos ports du Tonquin. Ces produits, ainsi que l'opium chinois, venant faire sur notre marché concurrence aux produits de l'Inde, seront payés avec les marchandises importées par les négociants d'Hanoï ou d'Haïphong et comme les marchandises françaises sont largement protégées, ce seront elles qui peu à peu pénétreront au Yunam et au Quang-Si.

Ainsi d'une part vers le Laos, de l'autre vers les provinces de la Chine limitrophes du Tonquin, nous avons des éléments de commerce assurés. Il faut maintenant tenir compte de la population de 12 à 13 millions de Tonquinois,

(1) Les exportations françaises pour l'Inde, Singapore et Hong-Kong se sont élevées en 1885 à 6,179,000 francs seulement.

Annamites, Cochinchinois, Cambodgiens (1) qui sont rangés d'une manière plus ou moins complète sous notre drapeau et qui, grâce aux tarifs douaniers, vont devenir des consommateurs de nos produits. Dans l'Inde anglaise, on consomme actuellement 6 à 7 francs par an et par habitant de marchandises étrangères (2) ; en Chine, il est difficile de calculer la consommation moyenne : voici pourtant un renseignement tiré des derniers documents douaniers : les importations étrangères se sont élevées peu à peu, de 1874 à 1886, de 410 millions à 550 millions (3) ; ces produits se répandent non seulement dans les provinces côtières, mais encore dans une partie de celles qui bordent le Yang-tse-Kiang jusque près du Yunam, soit une population d'environ 50 millions d'habitants ou par habitant une consommation de 10 à 11 francs. Il n'est pas excessif de supposer que, dans un avenir peu éloigné, chaque habitant de l'Indo-Chine consommera la même quantité de produits européens, et, en admettant un quart de produits français, c'est d'une part un revenu de 10 à 11 millions pour le trésor indo-chinois, de l'autre une fabrication de 30 à 40 millions assurée à nos usines.

Il a été souvent question des mines du Tonquin : c'est là une ressource qui fait presque complètement défaut dans le reste

(1) Cochinchine, 1,830,737 ; Cambodge, 850,000 ; Annam, 2 millions ; Tonquin, 8 millions.

Pour la Cochinchine, ce chiffre est celui recensé en 1886 ; pour les autres pays, ils ont été relevés dans les notices coloniales de 1885.

(2) Les importations totales dans les Indes anglaises s'élèvent pour 1885 à 1,740,000,000 ; soit pour une population de 260 millions d'habitants, 6 à 7 fr. environ par tête.

(3) Le tarif des douanes chinoises est d'environ 5,7 0/0 *ad valorem :* en 1886 la recette a été de 31,800,000 francs (le tael étant compté à 6 fr. 34) pour une importation de 554,600,000 francs.

de l'Indo-Chine; mais on a sans doute un peu exagéré les avantages à ce point de vue, de notre nouvelle colonie et en cela on a eu grand tort : ces promesses qui se réaliseront peut-être mais qui, jusqu'à présent, n'ont donné que des résultats peu précis en ce qui concerne les métaux, ont pu, à juste raison, indisposer contre les projets de conquête. Mais il n'en est pas de même du charbon : ici, plus de doute, il y a des faits constatés. Les mines du Tonquin ont été étudiées avec grand soin par M. Fuchs, ingénieur en chef des mines (1) : le terrain houiller s'étend parallèlement à la côte sur une longueur de plus de 100 kilomètres ; deux des bassins qui le composent, celui de Hongac et celui de Kebao ont une superficie, le premier de 80. le second de 180 kilomètres carrés. La puissance calorifique de ce combustible est peu différente de celle du charbon d'Anzin (2) et supérieure, par suite, à celle des charbons d'Australie que l'on consomme surtout dans ces parages ; le prix de revient, calculé sur une extraction de 100,000 tonnes par an, ce qui ne présenterait, paraît-il, aucune difficulté, ne dépasserait pas 20 francs par tonne pour le charbon rendu à bord. Dans ces conditions, il serait facile de lutter contre les charbons australiens dans toute l'Indo-Chine et à Hong-Kong ; nos produits supporteraient jusqu'à Shang-Haï la concurrence des charbons japonais et peut-être même jusqu'à Singapore celle des charbons anglais. En admettant une redevance de 2 francs par tonne au profit de l'État, on atteindrait de ce chef un revenu de 200,000 francs.

(1) Mémoire sur l'exploration des gîtes de combustible de l'Indo-Chine; Paris, Dunod, 1882.

(2) Des expériences faites successivement sur la même machine ont donné comme consommation par cheval et par heure : 1 kilog. 937 pour le charbon d'Anzin, 1 kilog. 966 pour le charbon du Tonquin (Mine Henriette).

Malgré cela, il est certain que, jusqu'à présent, l'Indo-Chine ne peut être classée parmi les pays riches ; mais on peut espérer que des progrès se réaliseront, permettant de faire rendre aux larges étendues de territoire que nous occupons un revenu supérieur aux 55 à 60 francs que donne, en moyenne, un hectare de terre en Cochinchine. L'élevage du ver à soie par exemple n'a jamais pu réussir en Basse-Cochinchine en raison de la constance d'une température élevée ; au Tonquin, il n'en est pas de même : on se rapproche du climat de la Chine et les soins donnés à la production de la soie pourront peut-être amener des résultats tout différents. Les arbres à gutta-percha, les pavots peuvent être cultivés avec succès, et il est très probable que sur les plateaux élevés du Tranninh où, disent les voyageurs, on retrouve les souvenirs de la Suisse, l'élevage des bestiaux, la culture des cinchonias pourront devenir rémunérateurs pour ceux qui consentiront à s'établir aussi loin des centres civilisés. C'est là que l'on pourrait sans doute accorder des concessions de terre à quelques groupes de relégables, mais en ayant soin de les choisir avec grand soin, de manière à éviter les difficultés avec les occupants actuels.

On a beaucoup médit du climat de l'Indo-Chine : c'était peut-être exact autrefois quand on parlait de la Cochinchine seule ; ce n'est plus exact aujourd'hui ni pour la Cochinchine, ni pour le Tonquin : la bande de l'Annam, entre les montagnes et la mer, couverte de nombreux marécages, peut seule être considérée encore comme réellement insalubre. Quelques chiffres prouvent l'exactitude de cette assertion (1) en 1866, la mortalité

(1) Ces chiffres se rapportent aux décès dans la colonie même : il faudrait y ajouter ceux des décès pendant la traversée de retour ou après la rentrée en France ; or la diminution de ce chef est beaucoup plus grande que celle constatée en Cochinchine même.

de l'infanterie de marine en Cochinchine était de 5,9 0/0, en 1876, de 5 0/0, en 1887 de 3,9 0/0. Au Tonquin et en Annam, elle est naturellement plus élevée, car il faut tenir compte des combats que nos soldats ont encore à livrer de temps en temps contre les pirates et des conditions peu hygiéniques des logements qu'ils habitent en attendant qu'on les ait installés d'une manière satisfaisante. Sans doute il y a des épidémies de choléra, mais elles frappent peu les Européens, et d'ailleurs n'avons-nous pas en France des épidémies de fièvre typhoïde, de variole et même de choléra?

Ce qui peut nuire à la réputation du pays, ce sont évidemment certains décès d'hommes connus et en évidence, mais il faut tenir compte d'une considération qui paraît échapper à l'attention du public. Autrefois, lorsque les fonctionnaires coloniaux appartenaient presque tous à l'administration de la marine, ils partaient pour les colonies relativement jeunes; la vie des tropiques commençait pour eux entre 25 et 30 ans, au moment de la plus grande résistance. Une partie mouraient : c'étaient des jeunes gens dont la disparition ne produisait pas grand effet; une sélection naturelle s'établissait, et ceux qui survivaient, plus résistants que les autres, acclimatés d'ailleurs grâce à leur jeunesse, pouvaient sans danger retourner à plusieurs reprises aux colonies et arriver à l'âge des plus hautes positions sans avoir perdu le bénéfice de l'acclimatement. Aujourd'hui, on est naturellement amené à envoyer hors de France des fonctionnaires d'expérience qui font pour la première fois, à quarante ou cinquante ans, connaissance avec le soleil; la sélection ordinaire s'établit, mais elle ne porte plus que sur des hommes connus, et qui, d'ailleurs, ont perdu une grande partie de leur force de résistance. De là la réputation peu satisfaisante que l'on fait à certaines

colonies, à l'Indo-Chine en particulier et qui n'est certes pas
méritée.

L'Indo-Chine offre-t-elle un débouché pour les hommes,
comme elle en offre pour les produits de France ? Évidemment
non ; mais il faut pourtant bien établir dans quelles conditions
l'expatriation y est possible et utile. Cette population de 12 millions de sujets français est appelée à consommer, quand ses
besoins seront suffisamment développés, des quantités notables
de produits manufacturés : il y aurait économie à les produire
sur ce territoire même, à y créer des usines. Pour cela il faut,
non pas des ouvriers européens qui ne résisteraient guère à
la fatigue corporelle, mais des contremaîtres, des chefs
d'atelier. Quelque intelligents que soient les Annamites, il
y a, en dehors de certaines natures exceptionnelles, une
limite qui s'impose, d'elle-même et rapidement, au développement de leurs connaissances.

Pendant de longues années, l'Européen devra prendre la
direction des ateliers non seulement comme éducateur dans
les premiers temps, mais encore comme directeur de travail.
Les cultures riches, en outre, exigent des soins tout particuliers, une surveillance méticuleuse que seuls les Européens peuvent exercer. Quand peu à peu ces usines, ces
exploitations se seront créées, que nos compatriotes auront
pris pied dans l'intérieur, ce qui n'a été jusqu'à présent que
l'exception, on verra se constituer des fortunes territoriales
et le Français s'attachera d'autant plus vivement à cette terre,
qu'elle sera sa propriété.

Enfin, il ne paraît pas impossible d'engager avec quelque
succès la lutte contre les Chinois, sur le terrain commercial.
Sans doute, jusqu'à présent cette lutte ne s'est pas terminée
à notre avantage : loin de diminuer, les agences chinoises en
Cochinchine ont pris une extension de plus en plus grande,

et, au Tonquin même, elles cherchent à accaparer tout le commerce. Mais ce résultat n'est-il pas dû en grande partie à l'inaction du Gouvernement, à son ignorance des moyens de résistance qu'il possédait contre cette invasion chinoise? Il est vrai que l'erreur se trouve surtout dans ce fait que depuis vingt ans les administrateurs se sont succédé avec une rare rapidité, à la tête soit de la Cochinchine, soit des affaires coloniales à Paris et qu'au milieu du dédale des questions de toute nature, ils n'ont pu, sans doute, se préoccuper de cette question vitale pour l'utilisation de l'Indo-Chine.

Le maintien de l'empire indo-chinois peut offrir deux dangers : 1° l'obligation d'y conserver sinon une armée, comme les Anglais dans les Indes, du moins une forte division dont l'absence sur un champ de bataille européen pourrait être vivement regrettée ; 2° la possibilité de créer des difficultés de politique étrangère. Nous ne nous dissimulons pas l'importance de ces deux objections : il est bien évident que la Chine, que l'on n'a pas réduite alors que cela était possible, avec qui on a traité lorsqu'elle allait succomber à la famine, pardonnera difficilement l'échec moral qui lui a été infligé par la perte de sa suzeraineté sur Hué — la Chine, le mot n'est pas exact, c'est du Tsung-li-Yamen qu'il s'agit, car tout bon Chinois est persuadé (les journaux officiels le lui répètent fréquemment) que les barbares qui se sont installés en Annam et au Tonquin sont encore des sujets du fils du Ciel et les visites de nos diplomates sont interprétées de la même manière que les ambassades apportant jadis le tribut du roi de l'Annam. Il est possible que lors de la première complication européenne à laquelle nous serons mêlés, le gouvernement de Pékin saisisse l'occasion de nous attaquer ; nous nous sommes montrés trop respectueux du droit des gens pour lui imposer une crainte salutaire, mais cette perspective revient toujours à l'immobilisation 'd'une division à la condition — condition *sine quà non* d'ailleurs — qu'elle pourra trouver des appuis dans trois ou quatre forts d'arrêt importants, bien défendus et installés de manière à donner à nos troupes des logements salubres. Une campagne européenne ne durera plus assez longtemps pour que le corps d'occupation ne puisse tenir devant une invasion des troupes du Céleste Empire péniblement mobilisées et amenées sur notre territoire : si le sort des armes nous était contraire, la possession de l'Indo-Chine n'aurait plus assez d'intérêt, pour qu'il y ait lieu de s'inquiéter de ce qui arrivera ; si, au contraire, nous sommes victorieux en Europe, ce serait alors l'affaire de la flotte de régler nos comptes avec la Chine.

Il n'y a d'ailleurs, et c'est un point sur lequel nous croyons devoir insister, aucun danger de révolte intérieure : les populations diverses de l'Indo-Chine n'ont, si nous ne troublons pas leurs habitudes, nul intérêt à chercher à se débarrasser de notre souveraineté qui leur assure plus de tranquillité, moins de prévarications que sous leurs anciens maîtres.

Puis il n'y a pas là une nationalité et surtout une nationalité conquise ; la lutte des Annamites contre nous n'a été sérieuse qu'au début de la conquête en 1858-59-60 ; depuis, ce sont des étrangers, les Chinois ou les pirates de toute espèce que ceux-ci avaient enrôlés, que nous avons presque uniquement trouvés devant nous.

Les races sont différentes : nous avons indiqué précédemment celles que l'on rencontre sur l'étendue de la péninsule.

Les langues sont tout aussi variées que les races ; nous devons d'ailleurs nous efforcer de substituer peu à peu la langue française à toutes les autres, du moins de la rendre intelligible à tous les habitants. C'est là le meilleur moyen de conquête pacifique (1).

Il n'y a pas de religion commune. Les boudhistes purs, avec leurs bonzeries, existent dans le Cambodge et le Laos, mais les Annamites proprement dits ne professent qu'un boudhisme très modifié ; en réalité leur seule religion est le culte des ancêtres. A côté des Chinois, sectateurs de Confucius, on rencontre des Chams mahométans, des Moïs qui ne professent que la religion la plus élémentaire, le culte — plus exactement la crainte — des phénomènes naturels.

Enfin il est une considération qui pourrait présenter quelque intérêt, que l'on a quelquefois invoquée contre la création de ces empires coloniaux s'étendant sur une vaste étendue de territoire : la crainte d'une colonie devenue assez puissante pour que la métropole cesse d'être le centre d'action et devienne à son tour un satellite. Cette crainte est possible pour l'Angleterre vis-à-vis de l'Inde, mais elle ne peut jamais être très sérieuse pour nous vis-à-vis de l'Indo-Chine ; les intérêts de notre possession ne pourront jamais prédominer sur les nôtres et la politique indo-chinoise n'aura en aucun temps une influence suffisante pour modifier la politique générale de la France.

(1) Le gouvernement de l'Inde avait, dès 1835, prescrit que l'anglais serait enseigné dans les écoles au lieu du sanscrit ou de l'arabe ; en 1854, on autorisa l'emploi dans certains cas des langues locales : les résultats ont été peu satisfaisants au point de vue de la conquête morale du pays. Il ne faut pas que nous commettions la même faute. A ce point de vue l'enseignement du *quoc-gnu* (annamite écrit en caractères français) ne devrait pas être encouragé ; il y a là un véritable danger pour notre action civilisatrice.

CHAPITRE II

§ 1.

Organisation des colonies assimilables.

Avant d'examiner les règles applicables aux établissements d'outre-mer que l'on continuera à traiter comme des colonies, il est nécessaire de rechercher ce qu'il convient de faire pour les autres, pour ceux que nous avons déjà signalés comme devant être assimilés à la métropole à tous les points de vue. Et tout d'abord doit-on, peut-on faire cette assimilation ?

L'utilité de l'assimilation nous paraît nettement démontrée aujourd'hui non seulement au point de vue économique, mais encore au point de vue administratif.

Au point de vue économique, n'a-t-on pas vu, sans qu'aucune opposition se soit produite, la métropole accorder aux sucres coloniaux des avantages qui les placent à peu près sur le même pied que les sucres métropolitains ? n'a-t-on pas vu, d'autre part, les conseils généraux de la Martinique, de la Guadeloupe et de la Réunion, voter le rétablissement de tarifs de douane protecteurs de l'industrie nationale ?

Mais ce n'est pas suffisant : la déduction accordée aux sucres des trois colonies représente en 1886-87 13,843,000 francs :

les importations métropolitaines se sont élevées pendant cette même période à 30,104,000 francs (1), ce qui, en calculant sur un tarif douanier de 3 °/₀ en moyenne, représente une remise de 904,000 francs ; la protection accordée à l'industrie métropolitaine est, par suite, bien inférieure à la charge que le trésor métropolitain supporte pour l'industrie coloniale. Les colonies sont donc très largement favorisées et rien ne peut les empêcher d'adopter *in extenso* le tarif général des douanes, les marchés métropolitains étant, par réciproque, ouverts, sans aucune taxe douanière, à toutes les denrées qu'elles exportent, la production sucrière étant traitée sur place, conformément à des règles analogues à celles adoptées pour la betterave.

Mais ceci entraîne un remaniement des impôts, permettant d'appliquer aux habitants des charges à peu près égales à celles qui incombent au contribuable métropolitain. Nous ne réclamons pas contre la dépense que s'impose la métropole pour ces colonies (2) :— certains départements reçoivent beaucoup plus qu'ils ne versent au trésor, ceci dépend presque uniquement des nécessités de la défense du pays, — mais ce que nous ne pouvons admettre, c'est que le fardeau de l'impôt pèse d'une manière notablement différente sur le contri-

(1)	DÉDUCTION accordée aux sucres coloniaux (Campagne de 1886-87)	INTRODUCTIONS métropolitaines	REMISES de droits de douane calculées sur un tarif moyen de 3 0/0
Martinique	4.115.000	9.094.000	273.000
Guadeloupe	5.889.000	9.540.000	286.000
Réunion..	3.839.000	11.470.000	345.000

(2) En 1887, la métropole doit supporter une charge de 2,057,000 francs pour la Martinique, de 2,148,000 francs pour la Guadeloupe, de 3,203,000 francs pour la Réunion, indépendamment de la solde et du transport des troupes.

buab.e des établissements d'outre-mer et sur celui de la métropole. Or nous avons démontré (1) qu'alors que le contribuable métropolitain donne, pour assurer les services nationaux et locaux, plus de 34 journées de travail par an, le citoyen des colonies ne donne que 22 journées à la Martinique, 15 à la Guadeloupe et 19 à la Réunion. En lui appliquant toutes les règles des impôts métropolitains, on rentrera dans l'égalité des charges, alors qu'existe déjà l'égalité des droits.

Cette égalité des charges est nettement violée aujourd'hui par la dispense du service militaire accordée aux citoyens coloniaux : tous ont le droit de venir s'engager sous le drapeau national, tous sont admis aux écoles militaires, mais nul n'est forcé de servir pendant un certain temps : nous ne considérons pas en effet le service dans les milices comme assimilable, à aucun point de vue, à un service militaire. Les créoles d'ailleurs réclament ardemment cette égalité dans l'impôt du sang et leurs représentants se sont faits les éloquents défenseurs de ces patriotiques réclamations.

Mais il est un ordre de considérations tout différent, qui militent plus vivement encore en faveur d'une modification radicale de la situation actuelle : ce sont les pouvoirs considérables qui ont été accordés aux assemblées locales, les conséquences qu'ils peuvent entraîner. On ne doit pas se dissimuler que sous le ciel des tropiques les passions sont naturellement plus vives qu'ailleurs, que si les anciennes haines de couleur tendent heureusement à disparaître, on a vu leur succéder, — sinon partout, du moins sur un certain nombre de points, — les discussions politiques s'élevant au plus haut degré d'acuité. Ces discussions ne por-

(1) *Les impôts dans la métropole et dans les colonies*, 1885.

tent pas sur la forme du gouvernement ; nos colonies sont aujourd'hui, et depuis longtemps, trop fermement républicaines pour que la lutte puisse encore s'établir sur ce terrain ; mais des clans se sont formés, inscrivant sur leurs bannières des divergences de vues sur des questions secondaires qui masquent parfois des luttes d'influence et d'ambition. Ces luttes se sont continuées dans le sein des assemblées locales, assemblées trop peu nombreuses pour pouvoir résister utilement à ces influences, pour pouvoir remplir, par suite, avec profit, les attributions d'ordre politique qui leur sont dévolues. Puis une nouvelle difficulté a surgi : çà et là un certain sentiment de particularisme a pris naissance ; le fonctionnaire métropolitain devient un intrus, il s'empare d'une place qui devrait être confiée à un créole. Les assemblées locales investies — ou se croyant investies, — en ce qui concerne les fonctionnaires, d'attributions considérables, peuvent être tentés de supprimer, par le vote d'un article du budget, tel emploi, parce que celui qui l'occupe ne convient pas à la majorité. Certains services se trouveraient ainsi désorganisés sans que l'autorité centrale ait le droit d'y porter remède, ou sans qu'elle croie utile de provoquer une crise, d'entrer en lutte ouverte avec l'assemblée locale pour une question dont l'importance n'est peut-être que secondaire.

Bien des raisons militent donc en faveur de l'assimilation complète non seulement économique, mais encore administrative. Il y aurait cependant lieu d'hésiter s'il existait encore (ce qui se présente dans la plupart des autres établissements) des objections primordiales tirées de la composition de la population, de l'éloignement, des différences de mœurs ou d'habitudes. Ces objections, nous ne les voyons pas. Dans les trois colonies nous ne trouvons pas ces sujets français, placés à des degrés plus ou moins éloignés du citoyen, qui existent presque partout ailleurs, et dont il convient de se préoccuper en mesurant les droits qu'on leur accorde d'après les dangers qu'ils peuvent présenter, d'après leur plus ou moins de rapprochement de nos idées. Mais aux Antilles, à la Réunion, on ne rencontre que des citoyens français, ayant depuis longues années l'habitude du bulletin de vote, parlant la langue française, demandant avec ardeur l'instruction à tous les degrés. Ces populations sont agglomérées (1) : les communes existent et fonctionnent régulièrement ; la population totale dans chaque établissement (2) est assez grande pour constituer une unité administrative (3).

Les étrangers y sont moins nombreux que dans certains départements métropolitains (4), du moins à la Martinique et à la Guadeloupe. Sans doute, à la Réunion, les immigrants constituent encore une part considérable de la population, mais on peut prévoir dès maintenant une réduction sensible, si on

(1) La densité de la population est de : 168 habitants par kilomètre carré à la Martinique, de 98 à la Guadeloupe, de 65 à la Réunion; dans la métropole, elle varie de 6,130 pour la Seine et de 293 pour le Nord, à 22 pour les Hautes-Alpes et à 18 pour les Basses-Alpes, en moyenne 72 pour l'ensemble du pays.

(2) Les trois colonies ont pour population : Martinique, 167,100; Guadeloupe, 199,100; Réunion, 169,500. Au-dessous de ces chiffres on trouve dans la métropole : la Lozère, 141,300 ; les Basses-Alpes, 129,500 ; les Hautes-Alpes, 122,900 ; le territoire de Belfort, 79,800.

(3) C'est là le seul motif pour lequel l'assimilation ne nous paraît pas pouvoir être étendue, dans les conditions complètes, à Saint-Pierre-et-Miquelon, qui, au moins au même degré que les anciennes colonies, est un véritable canton français.

(4) A la Martinique et à la Guadeloupe les étrangers (y compris les immigrants) représentent 15 °/₀ de la population ; à la Réunion cette proportion atteint à peu près 40 °/₀. Dans la métropole la moyenne est de 3 °/₀, mais la proportion des étrangers atteint 18 °/₀ dans le Nord, 19 °/₀ dans les Alpes-Maritimes.

parvient à remplacer les Indiens par des habitants de la côte d'Afrique, plus facilement assimilables et plus disposés à se fixer dans le pays, à acquérir la nationalité.

Quant à l'éloignement, ce n'est plus aujourd'hui, grâce aux paquebots rapides, aux communications électriques, une objection bien sérieuse, et elle tend au reste, à diminuer d'importance chaque jour. On vient aujourd'hui de la Réunion en France en vingt et un jours, de la Martinique, en quatorze ; les relations télégraphiques établies avec les Antilles le seront bientôt sans doute avec la Réunion. Lorsque la Corse a été constituée en département, le 27 février 1790, il fallait souvent plus de huit jours pour faire parvenir une nouvelle d'Ajaccio à Paris : on dut attendre quinze ans pour que le télégraphe Chappe, arrivant à Lyon, réduisît cette durée de deux jours, et la Restauration pour communiquer directement de Marseille à Paris ; même alors il fallait deux jours au moins pour la traversée, et 25 minutes pour la transmission télégraphique. D'ailleurs ne suffit-il pas pour remédier à l'inconvénient de l'éloignement, de donner aux préfets certains pouvoirs spéciaux qu'il n'est pas nécessaire, nous le démontrerons, d'étendre beaucoup pour assurer le bon fonctionnement des services publics ?

Il reste encore une question à examiner : c'est celle des vœux des populations. A la Martinique et à la Guadeloupe, ils sont formels et répétés depuis longtemps ; nous ne pourrions en passer en revue les manifestations répétées, nous nous contenterons de signaler d'une part, et pour ne citer que le plus récent, le vœu émis par le conseil général de la Guadeloupe, dans la séance du 25 juin 1887, de l'autre les professions de foi des représentants élus des Antilles au Sénat et à la Chambre des députés, par exemple la déclaration de M. Gerville-Réache lors des élections de 1881 : « En ce

« qui concerne les colonies, je revendiquerai sans cesse leur
« complète assimilation à la métropole. Nous voulons cette
« assimilation par attachement pour la France et pour les
« colonies ; nous la voulons parce qu'elle servira leurs inté-
« rêts politiques, moraux et matériels » (1). Ce sont là
des idées que l'on retrouve depuis la Commission
coloniale de 1840 (2) jusqu'à celle qui, en 1882, sous la
présidence de M. Duclerc, s'est occupée de l'organisation
des colonies. Dans la séance du 13 décembre, M. le général
de Lajaille, pour la Guadeloupe, M. Hurard pour la Martinique, ont soutenu énergiquement cette thèse, à laquelle
d'ailleurs s'étaient associés plusieurs représentants des services métropolitains.

A la Réunion, il n'en a pas été de même : la profession
de foi de M. de Mahy, en 1881, n'est guère en faveur de
cette assimilation absolue : « L'assimilation politique, de
« plus en plus complète avec la métropole, dit l'honorable
« député, tous vos droits sauvegardés et consacrés, votre
« *décentralisation administrative maintenue et affermie,*
« votre liberté commerciale assurée..... » Nous n'avons
retrouvé dans les procès-verbaux du conseil général aucune
délibération, aucun vœu dans un sens ou dans l'autre.

Les populations si françaises, si patriotiques de la Réu-

---

(1) Dans sa profession de foi de 1886, M. Gerville-Réache déclare qu'il
poursuivra comme par le passé l'assimilation de la colonie à la métropole.
M. Sarlat répond à la demande qui lui avait été adressée en 1886, qu'il a
présenté dans la presse un programme contenant les points suivants : ...
5° Assimilation des colonies avec la France.

Pour la Martinique et la Réunion, le relevé des programmes et professions
de foi (Documents parlementaires n° 683) ne contient aucune indication
sur la question d'assimilation.

(2) Séance du 24 décembre 1840. Proposition de M. de Saint-Hilaire, directeur des colonies.

nion reconnaîtraient sans doute rapidement les avantages de l'assimilation ; mais nous pensons que le meilleur moyen de les y amener et de rendre la réforme d'autant plus profitable qu'elle serait mieux acceptée, est de commencer l'expérience par les Antilles qui la réclament ; lorsque les avantages en auraient été constatés, on pourrait l'étendre à la Réunion. Le projet ci-joint (1) suppose que la mesure est appliquée immédiatement aux trois colonies ; mais il serait facile de supprimer tout ce qui se rapporte à la Réunion.

(1) Voir Annexe n° 1.

§ 2.

Le principe de l'assimilation étant adopté, il est nécessaire de passer en revue les dérogations peu nombreuses aux lois métropolitaines qui doivent être conservées, les modifications qu'il y a lieu d'apporter à l'organisme administratif, les mesures transitoires indispensables, surtout au point de vue financier.

La représentation dans le Parlement de la Martinique, de la Guadeloupe et de la Réunion est actuellement de 1 sénateur et 2 députés pour chaque colonie. L'assimilation entraînerait la nomination d'un sénateur et d'un député en plus dans chaque colonie, pour se conformer aux règles en vigueur dans la métropole.

La difficulté que nous avons déjà indiquée, et qui provient de l'éloignement de la métropole et de l'impossibilité parfois absolue de communiquer, peut être résolue en armant les préfets de quelques-uns des pouvoirs actuels des gouverneurs. Sans nul doute, le droit de déclarer l'état de siège et de le faire cesser, d'exercer personnellement les pouvoirs de haute police, de dissoudre les conseils municipaux, de nommer les commissions spéciales ou de suspendre pendant trois mois les maires et adjoints, ainsi que les différents fonctionnaires, est un droit très considérable, mais il n'a donné lieu jusqu'à présent, dans son exercice, à aucune critique sérieuse : on ne saurait, d'ailleurs, en priver le représentant des pouvoirs publics, qui doit assumer la responsabilité de toutes les mesures nécessaires au bon ordre, à la sûreté, à la sécurité du territoire dont l'administration lui est confiée.

On a souvent proclamé la nécessité de faire disparaître les prescriptions des ordonnances organiques qui donnent au gouverneur, presque toujours officier général à cette époque, de véritables pouvoirs militaires. Il importe aujourd'hui que, comme dans un corps d'armée métropolitain, l'autorité militaire reste absolument maîtresse de son service ; ce qui serait inadmissible dans une colonie d'expansion ou dans un établissement menacé par des révoltes intérieures d'habitants en majorité non citoyens français, devient, au contraire, très facile à la Martinique, à la Guadeloupe et à la Réunion. Il suffit que le préfet puisse, en cas de menaces de troubles intérieurs, requérir du commandant militaire les déplacements de troupes nécessaires pour prévenir et réprimer au besoin les actes de nature à compromettre la sûreté intérieure.

Quant à la défense extérieure, elle dépend uniquement du commandant militaire, seul maître des opérations, dès que l'état de siège est déclaré ; mais il faut que le concours des forces navales puisse lui venir en aide, et nous croyons indispensable de donner au préfet le droit de requérir l'aide des navires de guerre, lorsque leurs commandants ne sont pas porteurs d'instructions contraires. Ce droit doit même pouvoir s'exercer au cas d'une mission urgente en temps de paix.

Il n'y a aucun obstacle à étendre aux jeunes créoles toutes les obligations et toutes les règles de la loi militaire sur le recrutement ; mais en vue d'éviter des voyages trop longs et trop onéreux, il paraîtrait préférable, tant que certains hommes seront astreints à un service de courte durée, de les verser dans les corps de troupe en service dans ces départements.

Le régime judiciaire, la législation pénale sont déjà très peu différents de ce qui est en vigueur dans la métropole ; aucun motif bien grave n'empêche l'extension complète des lois métropolitaines : le régime des successions à la Martinique, par exemple, n'est pas tellement nécessaire à la vie locale qu'on ne puisse y renoncer en faveur du Code civil. Il conviendrait cependant, en vue de diminuer les frais de justice, de conserver aux justiciables le bénéfice de la procédure en annulation devant la cour d'appel, substituée au pourvoi en cassation, contre les jugements des tribunaux de paix et de simple police, et contre les jugements en appel des tribunaux de première instance. Cette voie de recours est en usage depuis bien des années sans avoir soulevé d'objections.

Il serait également utile, au point de vue agricole, de conserver, pendant quelque temps au moins, le régime tout spécial des eaux dans ces trois départements montagneux et ravinés ; la même mesure se justifie, quoique avec moins de motifs, pour la zone du bord de la mer connue sous le nom de zone des cinquante pas géométriques.

Le domaine de l'Etat doit être reconstitué : depuis qu'une partie de ce domaine a été abandonnée aux colonies, une extension abusive a été donnée aux termes de l'ordonnance du 17 août 1825, et il est nécessaire de faire rentrer aujourd'hui, dans le domaine privé, les immeubles affectés à des services dont l'État prend la charge, dans le domaine public, les eaux et la zone des cinquante pas géométriques, si l'on juge utile de conserver celle-ci.

Enfin, pour terminer ce qui rentre dans la législation, nous citerons comme devant donner lieu à certaines mesures spéciales : l'organisation de la curatelle d'office, la conservation des actes de l'état civil et des actes des notaires, enfin l'application de la loi sur la marine marchande. Nous n'avons pas, en examinant l'arsenal de nos lois, trouvé d'autres actes pour lesquels les anciennes colonies doivent être soumises à un régime différent de celui de la métropole.

Quant à l'organisation administrative, elle paraît simple : on peut se dispenser de créer des arrondissements qui n'ont pas été jugés nécessaires jusqu'aujourd'hui et qui le sont moins encore là que dans la métropole. Le secrétaire général titulaire est de droit le remplaçant du préfet, mais s'il peut être choisi de manière que cette dévolution d'attributions rencontre toujours un fonctionnaire en mesure de remplir ces fonctions délicates, il n'en serait pas de même si la succession au poste préfectoral était accordée à un intérimaire ou déterminée d'après certaines règles fixes : le procureur général ou le commandant militaire peuvent être très aptes à faire l'intérim de la préfecture, ils peuvent en être complètement incapables. Aussi, à défaut du secrétaire général, paraît-il indispensable de laisser à des décrets le devoir de désigner individuellement et d'avance le fonctionnaire ou le citoyen qui serait appelé à occuper provisoirement le poste de préfet.

Tant que les conseils de préfecture existeront partout en France, il paraît difficile de ne pas les organiser dans les trois nouveaux départements, mais en leur conservant le Code de procédure en vigueur dans les conseils du contentieux administratif des colonies, qui fixe d'une manière précise des matières pour lesquelles aucune règle n'est édictée dans la métropole.

La création de troupes spéciales aux colonies n'est peut-être pas encore très prochaine : lorsqu'elles existeront, c'est à elles qu'incombera nécessairement la garde des départements d'outre-mer, mais jusque-là il n'y a pas de motif pour faire passer du ministère de la marine à celui de la guerre la garde et la défense des nouveaux départements, le ministre de la marine exerçant vis-à-vis de ces territoires les mêmes attributions que le ministre de la guerre dans la métropole. Les réservistes seraient affectés aux corps en service dans leur île : on y organiserait des éléments constitués de troupes territoriales.

Les cours d'appel actuelles sont très peu chargées ; il est cependant indispensable de conserver auprès des justiciables la juridiction d'appel ; mais en réunissant en un seul ressort les deux départements de la Martinique et de la Guadeloupe, il est possible de réaliser une économie sérieuse sans entraver le fonctionnement de la justice (1). Il en est de même pour l'instruction publique, les postes et télégraphes, les diverses administrations financières, etc.; un seul chef de service pour les deux départements, résidant pour les uns à Fort-de-France, pour les autres à la Basse-Terre, peut diriger économiquement le fonctionnement des services publics. Il y aurait lieu également de répartir entre les deux îles les différents établissements nationaux : École supérieure des lettres, des sciences, de droit et de médecine, École des arts et métiers, École d'agriculture, Maison centrale, Manufacture de tabacs lorsque le monopole sera établi, etc.

Les mesures transitoires présentent une très grande importance : on ne saurait du jour au lendemain mettre en vigueur tout le système financier métropolitain, établir les différents monopoles. Pendant une certaine période, il conviendrait de ne percevoir au profit du Trésor public que les impôts pour lesquels aucune difficulté d'application n'existe aujourd'hui, par exemple la contribution des patentes, l'enregistrement, le

____

(1) Il faudrait probablement relever les traitements des magistrats puisqu'ils seraient, à titre égal, assimilés aux magistrats métropolitains, mais en admettant même un relèvement très sérieux des traitements, on n'atteindrait pas une dépense de 190,000 francs alors que les deux cours coûtent aujourd'hui plus de 280,000 francs.

timbre, les droits sur les boissons, mais pour les autres impôts qui n'existent pas ou qui sont établis sur des bases de perception complètement différentes des nôtres, il paraîtrait indispensable de conserver le *statu quo* pendant quelques années ; les conseils généraux garderaient, dans les mêmes conditions qu'aujourd'hui, le droit de maintenir les impôts actuels autres que ceux perçus au profit du Trésor public, de les supprimer, d'appliquer progressivement les impôts en vigueur dans la métropole. Mais il ne faut pas oublier que dans ces conditions le budget métropolitain, prenant de suite à sa charge toutes les dépenses nationales qui sont actuellement supportées par les budgets locaux, se trouverait grevé d'un excédent de dépenses et qu'il faudrait compenser celui-ci par une contribution fixée par la loi et devant être inscrite aux dépenses obligatoires du budget départemental.

L'instruction primaire n'est pas encore organisée d'une manière complète dans les colonies ; les règles relatives au régime financier de ce service dans la métropole n'ont pas encore été complètement coordonnées ; aussi paraîtrait-il préférable de laisser pendant la période d'organisation l'instruction primaire à la charge des nouveaux départements en diminuant d'autant leur contribution.

Parmi les mesures transitoires il est nécessaire de prévoir la non-extension, à la Martinique, à la Guadeloupe et à la Réunion, des privilèges accordés dans la métropole à la Banque de France et au Crédit Foncier ; des établissements analogues, auxquels des privilèges de même ordre ont été concédés, existent dans ces colonies, et on ne saurait sans de lourdes charges les exproprier de ces droits, qui prennent fin d'ailleurs en 1903 pour le Crédit Foncier colonial et en 1894 pour les banques locales.

Parmi les dépendances des colonies actuelles, la plupart

suivent sans aucun inconvénient le sort de l'île principale, mais il n'en est pas de même de Sainte-Marie de Madagascar qui ne présente à aucun degré les caractères d'une commune française et qui rentre d'ailleurs beaucoup plutôt dans l'orbite de Diego-Suarez que dans celui de la Réunion; il conviendrait de conserver cette île parmi les colonies en la rattachant à notre nouvel établissement de Madagascar.

§ 3.

Avant d'abandonner la question des colonies assimilables, il est utile de rechercher les conséquences financières de cette assimilation. En admettant que le contribuable français donne à l'État 34 journées de travail, en imposant la même charge au contribuable colonial et en estimant la journée au prix de 1 fr. 50 c., la part de chaque habitant devrait être de 51 francs, ce qui représente un budget total des recettes pour l'État, le département et les communes de :

8.512.000 fr. pour la Martinique, soit une augmentation de 3.150.200 fr. ou 59 0/0 sur les recettes actuelles.

10.154.000 fr. pour la Guadeloupe, soit une augmentation de 4.963.100 fr. ou 96 0/0 sur les recettes actuelles.

8.645.000 fr. pour la Réunion, soit une augmentation de 2.305.700 fr. ou 36 0/0 sur les recettes actuelles.

Si, d'autre part, nous établissons d'après les budgets locaux de 1887 le relevé des recettes et des dépenses qui, dans le système proposé, ressortiraient à l'État et aux départements nous pouvons établir le tableau suivant (1) :

(1) Pour la Martinique les chiffres sont ceux qui résultent du budget voté par le conseil général dans la séance du 30 août 1887 ; il y a lieu de remarquer que le budget se trouve arrêté à 4,481,784 francs en recettes, à 4,561,258 francs en dépenses, soit avec un déficit de 79,474 francs.

Ces chiffres, d'ailleurs, que nous avons relevés sur les budgets locaux nous paraissent bien discutables ; à la Guadeloupe, la douane est prévue pour 50,000 francs seulement, ce qui paraît tout à fait inadmissible alors qu'à la Réunion on estime qu'elle produit 162,500 francs et à la Martinique 100,000 francs.

	PART DU BUDGET passant à l'État		PART DU BUDGET restant au département		EXCÉDENT de dépenses pour le département	PART du budget revenant aux communes
	Recettes	Dépenses	Recettes	Dépenses		
Martinique.	3.094.200	2.607.900	1.081.600	1.647.400	565.800	1.183.000
Guadeloupe	2.408.600	2.248.800	1.639.600	1.799.400	159.800	1.142.700
Réunion.	3.135.300	2.347.200	1.160.400	1.937.500	777.100	2.042.600

On voit qu'en portant les charges des contribuables à un taux inférieur à ce qu'il est dans la métropole (car nous avons calculé la journée de travail à 1 fr. 50 c. dans les colonies et à 2 fr. 50 c. dans la métropole) on pourrait, *théoriquement*, après avoir fait face au déficit du budget départemental, verser au Trésor métropolitain, en déduction des charges qu'il supporte, une subvention de :

2.580.000 fr. pour la Martinique,
4.800.000 fr. pour la Guadeloupe,
1.530.000 fr. pour la Réunion.

Ces chiffres seraient évidemment trop élevés au début. Ainsi que nous l'avons déjà indiqué, il est nécessaire de tenir compte des difficultés que nos colonies rencontrent pour sortir de la crise qu'elles ont eu à supporter depuis de longues années ; il y a d'ailleurs une transformation à introduire dans les mœurs des habitants avant de leur demander une somme de travail égale à celle que donne le métropolitain. Aussi nous paraîtrait-il très sage de limiter la subvention annuelle à 400,000 francs pour chacune des deux Antilles, à 200,000 francs pour la Réunion et encore serait-il peut-être opportun de prévoir que cette subvention représente la dépense de la métropole dans les travaux qui restent à sa charge, par exemple pour l'amélioration des ports.

CHAPITRE III

Organisation des colonies non assimilables.

§ 1.

Régime législatif.

Le décret simple est actuellement pour les colonies l'acte législatif de droit commun; le sénatus-consulte de 1854 et les lois des 8 janvier 1877 et 7 mai 1881 ont déterminé les cas exceptionnels dans lesquels le pouvoir législatif doit intervenir, ceux où un avis du Conseil d'État est réclamé avant la promulgation du décret, ceux, au contraire, où le pouvoir réglementaire est abandonné au gouverneur. Cette classification est du reste différente selon qu'il s'agit de la Martinique, de la Guadeloupe et de la Réunion d'une part des autres colonies d'autre part ; pour celles-ci le Parlement n'est appelé nécessairement à prendre une décision que lorsque les finances métropolitaines sont engagées. Nous avons indiqué dans notre traité de législation coloniale comment, dans certains cas particuliers et sans modifier la constitution coloniale, le Parlement a évoqué différentes questions et les a fait passer du domaine du pouvoir exécutif dans celui du pouvoir législatif.

Il est à peine besoin de rappeler les critiques auxquelles donne lieu un pareil régime législatif. Les colonies les plus importantes, la Cochinchine, le Sénégal, la Nouvelle-Calédonie, peuvent voir bouleverser par un simple décret toute leur organisation intérieure, les lois qui régissent l'état des personnes ou la propriété. Ni l'avis du Conseil d'État, ni celui du Conseil supérieur des Colonies ne sont nécessaires pour que de pareilles mesures puissent être prises. Le régime politique peut être modifié sans qu'on appelle le Conseil supérieur des Colonies à examiner les motifs d'un changement apporté à des dispositions arrêtées d'accord avec lui quelques mois auparavant; c'est ainsi qu'on a vu en 1885 des règles adoptées le 2 avril pour le conseil général de Saint-Pierre-et-Miquelon, après une question approfondie dans laquelle le Gouvernement et le Conseil supérieur avaient été pleinement d'accord, modifiées le 10 mai sans délibération nouvelle. C'est ainsi que toutes les mesures modifiant l'organisation de la Cochinchine ont été décidées sans que le Conseil supérieur ait été appelé à en examiner les avantages ou les inconvénients.

Ce Conseil était, dans l'esprit de ceux qui en avaient conçu le projet, dans les intentions de ceux qui le réalisèrent, un élément indispensable du fonctionnement de notre régime colonial : non seulement il devait apporter au chef supérieur du service le concours d'hommes éclairés ayant vécu pour la plupart dans nos établissements d'outre-mer, connaissant leurs besoins, mais encore il pouvait servir de contrepoids aux désirs parfois peu réalisables des représentants de tout ordre des colonies. Ceux-ci, guidés par le désir légitime de satisfaire les intérêts de leurs mandants, sont nécessairement entraînés à laisser de côté des intérêts d'un ordre plus général souvent opposés ; à côté d'eux les membres métropolitains du Parlement, les représentants des grands services publics, apportaient dans l'élaboration des projets leurs connaissances spéciales et leur désintéressement des préoccupations locales. Pendant que M. Félix Faure était sous-secrétaire d'État, le Conseil supérieur joua un rôle important et des plus utiles; en 1885, ses délibérations furent moins fréquentes; en 1886, il n'eut qu'une seule session sans grand intérêt; en 1887, il n'a pas été réuni jusqu'à présent.

Le rôle du Conseil d'État pourrait également être étendu, — au grand profit tout au moins de la forme — à la connaissance de certains actes coloniaux qui échappent actuellement à ses avis ; en dehors des Antilles et de la Réunion, les seuls actes sur lesquels il doive être consulté sont, pour toutes les colonies, certains règlements de police (loi du 8 janvier 1877) et les tarifs douaniers (loi du 7 mai 1881); en outre, des décrets simples (20 novembre 1882, régime financier des colonies; 2 avril 1885, conseils généraux de Saint-Pierre-Miquelon et de la Nouvelle-Calédonie; 28 décembre 1884, conseil général des établissements de l'Océanie) ont obligé à le consulter dans quelques actes de tutelle administrative vis-à-vis des conseils généraux ; ce rôle pourrait lui être retiré de la même manière. On ne peut citer qu'un seul cas dans lequel un projet de décret lui ait été soumis en dehors des conditions obligatoires, c'est celui de l'organisation du régime de l'immigration à Mayotte et à Nossi-Bé, réglé conformément à son avis, par le décret du 2 octobre 1885. Il paraît évident que le concours du Conseil d'État à l'élaboration de la législation coloniale, même en dehors des cas prévus pour les anciennes colonies par le sénatus-consulte de 1866, pour les autres par les lois de 1877 et 1881, aurait les meilleurs résultats.

Mais en admettant même qu'on développe autant qu'on pourrait, qu'on devrait, peut-être, le faire, le rôle du Conseil d'E-tat et du Conseil supérieur des Colonies, serait-ce là une solution satisfaisante du problème qui se pose au sujet du régime législatif des colonies? L'un et l'autre sont des corps purement consultatifs : leurs avis, quelque motivés qu'ils soient, ne peuvent être et ne sont en réalité que des avis dont l'administration est libre de tenir tel compte qu'il lui plaît; rien ne l'oblige à consulter dans aucun cas le Conseil supérieur, et dans les cas peu nombreux où elle doit consulter le Conseil d'État, rien ne l'oblige à suivre son opinion ni même à mentionner qu'elle était contraire à la mesure prise.

Nous rappelons, que dans toute cette étude, nous laissons de côté les colonies assimilables, la Martinique, la Guadeloupe, la Réunion, pour lesquelles les lois métropolitaines nous paraissent pouvoir être appliquées au fur et à mesure de leur promulgation sans autres modifications que certains détails de forme faciles à régler lors du vote de chaque loi. Nous ne nous occupons ici que des colonies proprement dites, de ces établissemonts où, à côté de colons et de citoyens français, on rencontre des natifs, des sujets français, où l'application de nos lois se heurterait parfois aux plus grandes difficultés, de ces établissements aussi différents les uns des autres qu'ils le sont de la métropole, pour chacun desquels il est indispensable d'édicter des règles spéciales conformes sans doute à de grands principes généraux, mais adaptées aux besoins de chacun, à ses ressources, à sa population.

Convient-il de laisser ces colonies sous un régime aussi anormal, aussi autocratique que celui que nous venons d'exposer rapidement? Nous ne le pensons pas. Mais quel est le système qui doit être substitué à celui en vigueur depuis 1866? Deux solutions ont été, à maintes reprises, proposées et discutées; nous nous permettrons d'en indiquer une troisième qui nous paraît tenir compte, mieux que les deux autres, des nécessités pratiques et de nos mœurs politiques.

Les deux systèmes qui ont été préconisés sont : l'un le système anglais, qui consiste à faire voter par les parlements locaux des lois sur lesquelles le pouvoir exécutif exerce un droit de contrôle et de veto, l'autre, le système d'assimilation dans lequel le Parlement exerce pour les colonies le même pouvoir législatif que pour la métropole.

Examinons d'abord celui-ci : le Parlement seul fait les lois, déléguant, si cela est nécessaire, par dispositions expresses et spéciales dans chaque cas, au pouvoir exécutif le soin d'en déterminer l'application par des règlements d'administration publique ou des décrets simples. Mais on se rend facilement compte des difficultés que l'on rencontrerait dans la pratique. Déjà aujourd'hui, les Chambres sont débordées par la besogne ; des lois, même urgentes, ne peuvent franchir leur seuil, retenues par les mille fils de la procédure parlementaire ; les questions coloniales locales, c'est-à-dire relatives à une seule colonie, resteraient en suspens, à moins qu'on les renvoie en principe à quelque commission analogue à celle d'intérêt local où ne se feraient guère élire que les représentants locaux. Les transformations dans les organismes de tout ordre de dix établissements différents les uns des autres, transformations qui deviennent indispensables peu à peu, seraient retardées indéfiniment ou bien pourraient être tranchées parfois à la satisfaction des certains groupes locaux (1). Ajoutons que les lois coloniales

(1) Si ce système est adopté en partie en Portugal (Acte additionnel du 5 juillet 1852, interprétant l'acte 132 de la Constitution de 1826), c'est qu'en raison du petit nombre des colonies, d'une part, de leur importance considérable par rapport au reste de la monarchie d'autre part, l'intérêt des questions coloniales est relativement plus grand et la préparation des lois plus facile qu'elle ne le serait chez nous. D'ailleurs il y a un correctif aux retards que pourrait rencontrer la discussion devant le Parlement, c'est que les lois sont d'abord promulguées sous la forme de décrets du pouvoir exécutif soumis seulement à la ratification des chambres.

pourraient être considérées comme secondaires et qu'on arriverait peut-être à les approuver comme le fit le Parlement anglais en votant, sans y prêter attention, l'acte du timbre qui fut le point de départ de la sécession des colonies américaines.

Notre système de politique coloniale ne nous permet pas de concéder aux assemblées locales le droit de légiférer, même avec des restrictions analogues à celles apportées à ce droit par la Constitution anglaise, telles que le droit d'initiative réservé dans certains cas aux gouverneurs, l'obligation de soumettre tous les actes émanant des colonies à l'approbation ou à la désapprobation de la Couronne (1), etc. Le droit de représentation au Parlement national, que nous avons établi et que nous devons conserver, est exclusif de celui d'avoir un parlement local ; les assemblées locales, avec notre Constitution, ne sont autre chose que les conseils généraux de nos départements jouissant d'une certaine extension de pouvoirs sur laquelle nous aurons l'occasion de revenir ; elles ont des attributions financières, doivent se préoccuper des intérêts locaux, travaux publics, colonisation, etc., mais ne peuvent, en aucun cas, être appelées à élaborer des lois en matière civile, commerciale, pénale, etc.

Ayant écarté ces deux solutions, nous sommes amené à nous demander s'il ne convient pas, après avoir enlevé d'une manière absolue au Pouvoir exécutif le droit de légiférer en matière coloniale, de n'attribuer au Parlement que les décisions les plus graves, les plus importantes. En Angleterre, tout en accordant ce droit aux assemblées coloniales, le Parlement n'a pas abdiqué le pouvoir supérieur

(1) Rules and regulation. Art. 32, 33, 48 à 53.

qui lui appartient : sans avoir fixé les matières qu'il se réserve, il a adopté, à différentes reprises, des mesures obligatoires pour toutes les colonies, même pour celles de la Couronne, en vertu d'une disposition spéciale des lois ou « même par leur sens » (1).

En France, il est indispensable de déterminer tout d'abord les matières qui seraient réservées au Parlement ; il nous semble que le nombre devrait en être très restreint : on pourrait sans doute les fixer de la manière suivante : régime militaire, droits politiques, régime électoral, attributions des assemblées locales.

Mais à qui appartiendrait le droit de légiférer dans tous les autres cas ? C'est ici qu'intervient l'organisme nouveau, délégation du Parlement national et représentation des intérêts coloniaux, qu'il nous paraît indispensable de créer pour rendre pratique l'élaboration des mesures législatives applicables aux établissements d'outre-mer. Nous examinerons plus loin (chap. VII) la part que les colonies peuvent et doivent prendre dans la direction générale des affaires du pays ; mais, dès maintenant, nous sommes obligé de reconnaître que l'importance de certains établissements et des intérêts français qu'on y rencontre, n'est pas assez grande pour permettre de leur ouvrir l'accès du Parlement : c'est dans ce qu'on pourrait appeler l'assemblée coloniale qu'ils trouveraient leur représentation. Cette assemblée coloniale, qui serait le législateur dans tous les cas autres que ceux énumérés plus haut, se composerait de délégués des colonies et d'un certain nombre de sénateurs et de députés élus par leurs Chambres respectives. Elle ne devrait pas être trop nombreuse, pour que ces travaux pussent être menés

______

(1) Acte de 1833 sur l'abolition de l'esclavage. Actes de 1870 sur le monnayage, sur les enrôlements.

activement (1). Le droit d'initiative appartiendrait soit au Gouvernement, soit aux membres de l'assemblée ; mais, en vue d'empêcher les votes de surprise dans une réunion aussi peu nombreuse, le Gouvernement aurait le droit de ne pas promulguer les actes (2) votés par l'assemblée coloniale en les déférant au Parlement.

L'assemblée coloniale serait nécessairement appelée à émettre un avis motivé sur les projets de lois qui devraient être soumis au Parlement ; celui-ci pourrait également l'appeler à délibérer sur les propositions émanant de l'initiative parlementaire dont il serait saisi.

Peut-être trouverait-on une certaine utilité à faire examiner par le Conseil d'État les projets d'actes coloniaux avant qu'ils fussent soumis à l'assemblée coloniale et à charger les rapporteurs de défendre ces projets devant l'assemblée.

Mais s'il est nécessaire d'enlever le droit de légiférer au Pouvoir exécutif, il faudrait bien se garder de le priver de celui de faire les règlements ; il y aurait intérêt à partager cette attribution entre le Pouvoir exécutif proprement dit et ses représentants locaux, les gouverneurs des colonies. Ce droit, dans chaque cas particulier, résulterait des lois successives ; rien n'empêcherait du reste d'indiquer, dans un article particulier de la constitution coloniale, les matières pour lesquelles le pouvoir réglementaire serait conservé au Gouvernement ou à ses représentants ; nous verrions, pour

---

(1) L'Assemblée coloniale pourrait être composée de 33 membres : 7 sénateurs, 12 députés, 14 représentants coloniaux (St-Pierre-et-Miquelon 1. — Guyane 2. — Sénégal 2. — Gabon 1. — Inde 2. — Mayotte 1. — Nossi-Bé 1. — Diego-Suarez-Madagascar 1. — Nouvelle-Calédonie 2. — Océanie 1).

(2) Il conviendrait évidemment de réserver le titre de lois uniquement aux mesures votées par le Parlement et d'attribuer aux autres un titre spécial, celui d'*actes coloniaux* par exemple.

notre part, un grand intérêt à étendre les attributions de ces derniers sous la réserve de l'appel au pouvoir central.

Le pouvoir du Gouvernement pourrait transitoirement être conservé à peu près dans les conditions où il fonctionne aujourd'hui pour les matières sur lesquelles des lois ou des actes coloniaux n'auraient pas statué. Il est évident, en effet, que l'élaboration d'une législation entraînera de longs délais et que l'on ne saurait, pendant cette période, se priver de la possibilité de modifier notre organisation coloniale.

§ 2.

Régime financier.

On ne saurait évidemment conserver le régime financier en vigueur aujourd'hui dans les colonies ; il donne lieu à des critiques si connues qu'il serait inutile de les reproduire ; nous devons cependant les résumer brièvement en les rapportant à deux chefs principaux : 1° il n'y a aucune classification rigoureuse dans les dépenses payées par la métropole et dans celles mises à la charge des colonies ; 2° nos concitoyens d'outre-mer supportent des charges beaucoup moins lourdes que les nôtres.

De même que dans la métropole, le soin d'assurer les besoins généraux du pays est réparti entre l'État, les départements et les communes, avec le droit pour chacun de diriger les services affectés à la satisfaction de ces besoins et de percevoir les impôts nécessaires pour en acquitter les charges, de même une répartition doit être faite pour les établissements d'outre-mer, sous cette réserve que la colonie, pouvant avoir une autonomie plus grande que le département, peut être appelée à diriger et à payer un nombre de services plus considérable.

Mais il y a lieu d'observer qu'alors que tous les départements de France apportent leur part dans les ressources dont dispose l'État, les colonies ne sauraient se dispenser d'y participer dans la mesure de leurs moyens. Que pour l'ensemble des colonies, que pour certaines d'entre elles, l'État perçoive un peu plus, ou — ce qui est et sera longtemps la réalité — beaucoup moins qu'il n'y dépense, c'est là un point dont il n'y a pas à se préoccuper du moment où chaque partie constituante de la patrie française contribue aux dépenses générales proportionnellement à ses ressources.

Quelle doit donc être la distribution des services publics entre l'État et les colonies ?

Dans les autres pays, nous relevons les distinctions suivantes : en Angleterre il n'y a pas plus de règle précise que chez nous ; tantôt le gouverneur est payé par l'État (Helgoland, Sierra Leone, Antilles) tantôt il reçoit un supplément de traitement (Bermudes, Bahama, Australie occidentale), partout ailleurs il est payé par la colonie. A Terre-Neuve les dépenses de la justice sont supportées par la métropole. L'armée et la marine sont à la charge du Trésor local dans l'Inde, au Canada, en Australie.

Le Portugal se conforme à un principe bien net : les colonies défrayent toutes leurs dépenses, y compris celles de l'armée, et contribuent proportionnellement au payement de l'augmentation résultant pour la marine du maintien des stations locales ; elles n'acquittent aucune contribution et ne reçoivent aucune subvention.

Les colonies espagnoles ou provinces d'outre-mer, ont des finances et des budgets spéciaux à chacun des trois groupes qu'elles forment. Ces budgets sont arrêtés en ce qui concerne Cuba et Puerto-Rico par les Chambres métropolitaines, en ce qui concerne les Philippines (auxquelles sont jointes les autres possessions de l'Océanie) par le ministre d'*Ultramar*.

Chaque colonie supporte toutes les dépenses faites sur son territoire, y compris celles de l'armée et de la marine ; en outre elle paye dans la Métropole une partie des frais du ministère d'*Ultramar* (2) ; Cuba et Puerto-Rico supportent la dépense d'une chambre de la Cour des Comptes.

(2) Cette dépense se partage dans les proportions suivantes : Cuba 50 0/0, Puerto-Rico 20 0/0, les Philippines 30 0/0.

L'État n'accorde aucune subvention ; il a pourtant fait dernièrement des avances au Trésor de Cuba et garanti le payement de dettes de la colonie. Il ne reçoit plus aucune contribution ; celle qui était portée au budget comme devant être versée par Cuba (4 millions de piastres) et qui n'était pas toujours payée, a disparu du budget depuis 1868.

Enfin en Hollande, chaque colonie supporte toutes ses dépenses, sauf une exception, l'entretien des navires de la marine nationale employés aux Indes néerlandaises, et qui restent à la charge de la métropole. Le budget de chaque établissement est voté par le Parlement néerlandais et la différence entre les recettes et les dépenses est versée au budget général de l'État ou équilibrée par une subvention (1).

Il nous paraît évident que les dépenses de souveraineté et de haute administration doivent rester à la charge de l'État par cela même qu'il doit en conserver seul la direction et la responsabilité. Il doit en être ainsi de la justice et de ce que nous considérons comme son corollaire, le service pénitentiaire. Ainsi : dépenses du gouverneur et du secrétariat du Gouvernement, des résidents là où le pouvoir métropolitain a besoin d'un délégué, de l'armée, de la marine, de la justice et des prisons, de la trésorerie nécessaire pour solder les dépenses de l'État, enfin du contrôle, en un mot, de tout ce qui est service de l'État, incombe à son budget. Le reste est, avec la distinction ordinaire, à la charge des colonies ou des communes.

(1) Le budget métropolitain des colonies s'élevait pour 1887 à 2,752,067 fr., il comprend les crédits nécessaires au fonctionnement du ministère et pour près de 2 millions les subventions aux deux établissements de Curaçao et de la Guyane. Le budget des Indes étant en déficit, la métropole a décidé que l'équilibre serait établi au moyen d'un emprunt. (L'organisation des Indes néerlandaises, par M. Louis Legrand, ministre de France. Paris, Alph. Picard, (1887.)

Les dépenses que les budgets locaux ont ainsi à supporter peuvent être supérieures ou inférieures aux forces contributives de la population, comparées à celles de la métropole. La différence en plus ou en moins constitue la contribution de la colonie au budget général ou la subvention qu'elle peut obtenir de lui. Il résulte de là nécessairement le droit pour la métropole : d'un côté de veiller sur les engagements que les colonies peuvent prendre pour l'avenir (emprunts directs ou indirects), de l'autre d'examiner avec soin les budgets arrêtés par les conseils locaux ; il ne faudrait pas en effet que des dépenses engagées avec prodigalité pussent motiver une réduction dans la part contributive d'une colonie ou l'attribution d'une subvention métropolitaine. C'est au Parlement, sur la proposition du Gouvernement, qu'il appartient par l'examen des budgets et des comptes des dernières années, de rechercher la charge supportée par les habitants de chaque colonie, le plus ou moins d'extension donnée au budget et, par suite, la situation faite au budget local par rapport au budget général. Ces décisions devraient être prises une année d'avance, de manière à permettre aux conseils locaux d'arrêter leurs budgets en connaissance de cause.

Il y aurait lieu, pour déterminer les forces contributives de chaque colonie, de tenir compte de la valeur relative de l'argent dans chacune d'elles, du prix de la journée de travail par exemple. Nous avons déjà rappelé que nos compatriotes d'outre-mer pourraient prendre une part plus considérable qu'aujourd'hui dans les charges générales de l'administration et de la garde des colonies. Dans un pays comme le nôtre, où les habitants des colonies ont les mêmes droits que ceux de la métropole, il est aussi irrationnel de faire supporter en principe toutes les dépenses de protection, par exemple, par le budget métropolitain, qu'il le serait, comme en Portugal, de les mettre entièrement à la charge de chaque colonie. Les uns et les autres en tirent leur avantage, qui est celui du pays ; ils doivent y contribuer dans la proportion de leurs ressources.

Dans le système que nous indiquons, le budget local, allégé de toute charge d'État, n'ayant à supporter, le cas échéant, qu'une contribution, doit être arrêté par les représentants de la population qui l'acquittent ; il conviendrait donc de leur laisser la plus grande liberté d'action ; et pourtant, quand on examine les conséquences possibles de cette extension de pouvoirs, on est amené à se demander si des raisons très sérieuses n'obligent pas à conserver la haute main du Gouvernement en cette matière. On ne saurait par exemple abandonner le droit de régler sans contrôle les tarifs douaniers qui peuvent avoir une influence économique de la plus haute importance pour le commerce métropolitain (voir chap. IX) ; il convient en outre de soumettre à un examen sérieux les règles d'assiette et de perception des impôts, d'empêcher des expériences parfois désastreuses. Mais il y a plus : il ne faut pas oublier qu'il existe dans certaines colonies tout un élément parfois considérable de la population, le sujet français qui n'est pas représenté ou ne l'est que d'une manière rudimentaire dans les conseils locaux, et on ne saurait laisser à ceux-ci la possibilité de frapper sans aucun frein cette partie de la population à l'avantage d'une autre qui serait à peu près dégrevée. Que pour faciliter la colonisation, l'on décharge largement les pionniers européens, qu'on leur accorde tous les avantages possibles, rien de plus juste, mais il arrive un moment où l'indigène ne doit pas seul supporter les charges du budget : le pouvoir central doit alors intervenir et exiger que la répartition de l'impôt soit équitable.

De là découle la nécessité de soumettre à l'approbation du pouvoir métropolitain les règles de perception des impôts nouveaux et les modifications à apporter aux règles existantes, le quantum des taxes restant à la disposition des conseils locaux.

L'État lui-même doit-il établir pour son compte des impôts dans les colonies? Nous ne le pensons pas, car, avec le système que nous proposons pour le calcul des contributions et des subventions, le produit de cet impôt viendrait naturellement en déduction de la part contributive et il n'aurait d'autre conséquence que d'obliger à constituer des cadres d'employés, opérant au loin, hors de la direction de leurs chefs, dans des conditions de surveillance très difficiles. Nous ne voyons l'utilité de ces impôts d'État que dans des cas tout spéciaux, par exemple pour les douanes de l'Indo-Chine.

L'État peut pourtant percevoir directement certaines redevances aux colonies; nous voulons parler des produits de son domaine. Nous n'ignorons pas que le principe même d'un domaine colonial de l'État est contesté par des hommes politiques éminents, même par des métropolitains; mais nous ne saurions nous rallier à cette opinion : il est indispensable que l'État conserve la propriété : 1° des immeubles nécessaires au fonctionnement de ses services, domaine public ou domaine privé; 2° des terres qu'il possède actuellement; 3° du domaine public maritime avec l'extension des cinquante pas géométriques.

Le maintien entre les mains de l'État d'un domaine privé comprenant une certaine quantité de terres est nécessaire, d'une part, pour permettre à la métropole d'assurer un mouvement d'immigration dépendant d'elle et non pas seulement de la bonne volonté des colons anciens ; de l'autre, pour empêcher le gaspillage que l'on pourrait craindre d'assemblées locales dans la distribution du patrimoine colonial. Pourquoi ne pas agir comme l'Angleterre,

qui a eu soin, au début, de se réserver toutes les terres
domaniales, mais de consacrer les sommes retirées de leur
aliénation et de leur location à des services locaux (1)?
On les affecterait par exemple à faciliter l'immigration de
citoyens français. Quant aux terres appartenant aux colonies
elles-mêmes, rien n'empêcherait de conserver, comme en
Angleterre également, aux représentants du pouvoir central,
un droit de contrôle et de veto sur les actes portant aliénation.

(1) Au fur et à mesure de la constitution des colonies, le Gouvernement
anglais abandonne ce droit aux parlements locaux.

§ 3.

Organisation judiciaire.

Le droit de rendre la justice est un de ceux qui ne peuvent être délégués : c'est au nom du peuple français que les jugements doivent être rendus aux colonies comme dans la métropole, c'est le pouvoir législatif qui seul peut élaborer les lois, c'est le pouvoir exécutif central qui seul doit choisir les magistrats appelés à les appliquer. Aussi les pouvoirs locaux n'ont-ils à intervenir en rien dans les questions relatives à la justice ; nous estimons même que pour éviter toute difficulté il conviendrait que, contrairement à ce qui se passe dans la métropole, les locaux nécessaires à la justice, autres que les prétoires des juges de paix, appartinssent à l'État ou fussent loués par lui.

L'organisation actuelle dans les colonies est trop compliquée : on a conservé presque intactes les attributions des différentes juridictions, telles qu'elles existent dans la métropole : seule, l'institution des juges de paix à compétence étendue est venue permettre de réaliser des progrès dans la diminution des frais de justice et dans la rapidité de la procédure. Il semble qu'il serait facile de faire un pas de plus dans cette voie et d'établir d'une manière absolue aux colonies l'unicité de juge de premier degré. Nous n'avons pas à traiter ici cette question, qui a fait de grands pas dans l'esprit public depuis quelques années, mais nous ne pouvons nous empêcher de constater que si l'application de ce principe est indiquée quelque part, c'est aux colonies, en raison de la difficulté de recruter la magistrature et de la nécessité de multiplier les tribunaux pour les rapprocher des justiciables.

Il est également nécessaire de diminuer le nombre des juges d'appel et de proportionner le nombre des tribunaux supérieurs au chiffre d'affaires qu'ils examinent. Or, il est facile de se rendre compte de la petite quantité de litiges sur lesquels les cours coloniales sont appelées à statuer ; le tableau suivant résume les documents recueillis pour 1882, en matières civile et correctionnelle :

	AFFAIRES civiles	AFFAIRES correctionnelles	TOTAL	AFFAIRES criminelles	NOMBRE de magistrats y compris le parquet
Guyane.	14	35	49	(12)	4
Sénégal	14	9	23	(22)	4
Inde	251	73	324	(10)	7
Nouvelle-Calédonie	16	7	23	(15)	4
Océanie	14	7	21	(5)	4

Si nous comparons ces chiffres à ceux relevés dans la métropole, nous voyons que la cour de Chambéry, la moins occupée, compte 15 magistrats et a jugé en 1886, 123 affaires civiles, 96 affaires correctionnelles ; total, 219. Après elle vient la cour de Bourges qui, avec 16 magistrats, a jugé 267 affaires ; celle de Bastia avec 14 magistrats, 326 affaires, etc.

Mais les tribunaux supérieurs coloniaux ont une mission plus importante encore à remplir, celle de la justice criminelle. Il est évident que ce service nécessite un personnel spécial, qu'il est indispensable de faire fonctionner les tribunaux répressifs à proximité des lieux où les crimes ont été commis, mais nous pensons que l'on pourrait, sans grande difficulté, arriver à ce résultat sans conserver le nombreux état-major de nos ressorts judiciaires coloniaux. Il est nécessaire pour le démontrer de passer en revue nos divers établissements d'outre-mer.

La Guyane rentre naturellement dans le cycle des Antilles ; la cour d'appel métropolitaine qui y serait évidemment conservée pourrait, sans aucune difficulté, être chargée des appels en matières civile et correctionnelle pour les jugements rendus à la Guyane. Les communications sont plus faciles entre Fort-de-France et Cayenne qu'elles ne l'étaient entre certains départements lors de la création de nos ressorts judiciaires en l'an VIII. Un conseiller pourrait aller présider les assises à Cayenne, où le siège du ministère public serait occupé par le procureur de la République, chef du service judiciaire. Un juge de première instance, un lieutenant de juge et un substitut à Cayenne, un juge président du tribunal de la relégation au Maroni, huit juges de paix dont sept à compétence étendue, compléteraient le service dans les meilleures conditions.

A la côte occidentale d'Afrique, et tant que les établissements du Congo n'auront pas reçu une organisation complète nécessitant une justice régulière, les appels en matières civile et correctionnelle — en admettant d'ailleurs, d'une manière générale, l'extension des pouvoirs du juge de première instance — ne peuvent réellement motiver le maintien à Saint-Louis d'un tribunal d'appel. Rien n'empêche de déférer à la cour de Bordeaux la connaissance des jugements rendus au Sénégal ; elle serait plus rapprochée des justiciables que ne l'est la cour de Saïgon pour les jugements rendus en Chine et au Japon, et guère plus éloignée que la cour d'Aix des échelles du Levant. La seule question à résoudre serait celle de la justice criminelle ; or le nombre des affaires de cette nature est de 22 par an en moyenne au Sénégal. On pourrait déférer à la cour d'assises de la Gironde les affaires très rares dans lesquelles des Européens seraient impliqués et confier les autres à un tribunal criminel composé de trois magistrats et de deux assesseurs. Un juge de paix à compétence étendue à

Dakar remplacerait le tribunal de première instance de Gorée (1); la création du chemin de fer, reliant Dakar et Rufisque à Saint-Louis, rend très faciles les déplacements dans le cas d'affaires importantes. Le tribunal de première instance de Saint-Louis pourrait, au besoin, tenir chaque mois une audience correctionnelle à Dakar; ce serait le principe des audiences foraines appliqué à un degré supérieur, mais nous ne voyons aucune objection sérieuse à cette innovation.

Dans ces conditions, le personnel judiciaire au Sénégal pourrait se composer du procureur de la République, d'un juge président, d'un lieutenant de juge et d'un ou deux juges de paix à compétence étendue, l'un à Dakar, tenant des audiences foraines à Rufisque, l'autre au besoin à Bakel, pour juger les contestations entre les traitants dans les escales du fleuve.

L'organisation judiciaire des établissements du golfe de Guinée ne serait pas modifiée.

Il en serait de même à Mayotte, à Nossi-Bé et à Sainte-Marie de Madagascar, qui continueraient à relever de la cour d'appel de la Réunion. Quant à Obock, la création d'un juge de première instance, dont les fonctions seraient provisoirement confiées à un fonctionnaire de l'établissement, paraît s'imposer à bref délai (2); ce juge relèverait également de la cour de la Réunion, les relations sont en effet plus faciles avec Saint-Denis qu'avec Pondichéry.

Dans l'Inde, la densité de la population, son caractère, sa législation toute spéciale, ne paraissent pas pouvoir permettre une modification dans l'organisation en vigueur; le nombre des affaires de toute nature, déférées aux juridictions

(1) Il serait facile de constituer en outre à Dakar un tribunal de commerce.

2) Cette création a été faite par le décret du 2 septembre 1887.

des différents degrés, justifie d'ailleurs le maintien de choses actuel ; la cour de Pondichéry, avec sept magistrats, juge autant d'affaires que celle de Bastia avec le double de magistrats.

La Nouvelle-Calédonie et l'Océanie peuvent constituer un seul ressort judiciaire au point de vue des appels ; les relations fréquentes entre ces deux établissements, relations qui sont appelées à se développer, permettent de supprimer le tribunal supérieur de Tahiti, en confiant à un juge du tribunal supérieur de Nouméa le soin de présider deux fois par an les sessions du tribunal criminel auquel seraient appelés les deux juges du tribunal de première instance. Le tribunal de première instance de Nouméa serait maintenu ainsi que les justices de paix existant dans les deux colonies. Le tribunal supérieur recevrait un troisième juge pour assurer le service criminel de Tahiti et présider le tribunal spécial de la relégation.

Les réductions du personnel seraient donc les suivantes : Guyane, 3 magistrats (1) ; Sénégal, 3 ; Inde, 1 ; Nouvelle-Calédonie, 3. Total : 10.

Les magistrats coloniaux constituent actuellement un cadre tout spécial, sans aucune garantie d'inamovibilité : les nominations sont faites sur la double proposition du garde des sceaux et du ministre des colonies, mais, en réalité, celui-ci a seul la direction de ce personnel. On ne saurait admettre que cette direction lui échappât pour passer entre les mains de la justice : aux colonies, tout le personnel doit relever de la même autorité ministérielle pour éviter les conflits et maintenir, aussi complète que possible, l'action du gouverneur.

(1) En réalité la réduction ne serait que de 2 pour la Guyane et 2 pour Nouméa et l'Océanie, mais il faut tenir compte de ce fait que l'organisation de la relégation nécessite la création d'un nouvel emploi dans chacune des deux colonies.

La nécessité de faire momentanément passer, par suite des vacances fréquentes, un magistrat du siège au parquet, et réciproquement, empêche d'établir aux colonies le principe complet de l'inamovibilité.

Il y a cependant une amélioration à apporter à la situation actuelle des magistrats. Elle pourrait consister, d'une part, dans le droit qui leur serait accordé de se pourvoir devant la Cour de cassation, grand conseil de l'ordre judiciaire, contre les mesures disciplinaires dont ils seraient l'objet de la part des ministres de la justice et des colonies ; de l'autre, dans le droit, après dix ans de service dans la magistrature coloniale, de réclamer leur nomination à un emploi ayant la même parité d'office dans la magistrature métropolitaine ou dans la magistrature de l'Indo-Chine. Dans les conditions que nous supposons, en effet, les colonies assimilables étant rattachées à la métropole, l'empire indo-chinois constituant un service absolument distinct, la magistrature coloniale, proprement dite, se trouverait réduite, en outre des juges de paix, à moins de quarante magistrats, et les postes qui leur seraient assignés offriraient, en dehors de l'Inde et de la Nouvelle-Calédonie, des conditions trop peu satisfaisantes pour qu'il fût possible de les y maintenir au delà d'une période de temps très limitée.

Il resterait à examiner les conditions dans lesquelles le recours en cassation devrait être exercé vis-à-vis des arrêts rendus par les juridictions des colonies. En Angleterre, le droit de déférer à la magistrature métropolitaine les jugements rendus dans les colonies est extrêmement limité (2) ; nous ne pensons pas qu'il convienne d'entrer dans cette voie qui enlèverait aux justiciables des garanties dont ils jouis-

______

(2) Ce droit est réglé par un acte du Parlement de 1843.

sent actuellement. La question n'offre guère, en réalité, d'intérêt pour les quelques colonies dont nous nous occupons en ce moment ; la Cour de cassation, n'a été saisie, depuis 1882, que de 128 pourvois relatifs à ces établissements (1). Il n'en sera pas de même, évidemment, quand nous aborderons les questions relatives à l'Indo-Chine. (Voir chap. IV.)

Nous avons déjà indiqué que le droit de faire exécuter les peines appartenait au pouvoir qui les prononce ; il nous paraît nécessaire de placer entre les mains de l'État les établissements pénitentiaires des colonies. Cette extension du pouvoir métropolitain aurait l'avantage de soumettre ces établissements à des règles un peu fixes, d'y supprimer des usages parfois regrettables. Les agents chargés de ce service relèveraient exclusivement du chef du service judiciaire.

(1) 35 pourvois en matière civile ; 93 en matière criminelle. Au total 128, soit 26 affaires par an pour les huit colonies.

§ 4.

Organisation administrative des colonies. — Gouverneurs. Conseils privés, etc.

Le pouvoir central doit avoir dans chaque colonie un représentant ayant autorité sur tous les autres fonctionnaires, à quelque ordre qu'ils appartiennent, quel que soit leur rang : ce représentant, le gouverneur, a eu une situation incontestée tant que les anciennes ordonnances ont été en vigueur, tant que l'on n'a pas été obligé de les remanier, et surtout tant que l'on a investi de ces fonctions presque uniquement des officiers généraux ou supérieurs de l'état-major de la flotte, des troupes ou du commissariat de la marine. Les ordonnances constitutives leur accordaient des pouvoirs militaires ; personne ne songeait à s'en offusquer ; on prenait, d'autre part, des dispositions pour qu'il n'en résultât aucun conflit, au point de vue militaire proprement dit ; on s'efforçait, autant que possible, de ne placer auprès du gouverneur que des officiers d'un grade inférieur au sien. Tout cela entrait d'une manière si complète dans le courant des idées, on songeait si peu à séparer les pouvoirs militaires des pouvoirs civils, on était tellement habitué à voir dans le gouverneur le représentant, à tous les points de vue, du Chef de l'État, que nulle objection ne se souleva quand, sous le second empire, des gouverneurs civils furent envoyés dans certaines colonies, à la Martinique, à la Réunion, par exemple.

C'est lorsque les gouvernements coloniaux échappèrent d'une manière presque complète aux corps de la marine que

l'on vit attaquer le principe des pouvoirs militaires des gouverneurs. Sans doute, il est inadmissible qu'un civil puisse
prendre le commandement d'une expédition, et en rappelant
qu'ils n'ont pas, qu'ils n'ont jamais eu ce droit, on a épargné
aux gouverneurs (dont certains, il faut le reconnaître,
auraient peut-être été disposés à l'exercer), l'occasion de se
rendre ridicules ; mais cette impossibilité de commander les
troupes doit être étendue à tous les dépositaires supérieurs
de l'autorité nationale, même s'ils sont militaires. On ne
saurait trop imiter sur ce point l'exemple des Anglais, qui
obligent tout gouverneur, quel que soit son grade militaire,
à n'exercer aucun commandement effectif pendant la durée
de ses fonctions. N'est-il pas, en effet, toujours à craindre
que l'espoir de se couvrir de gloire, et même d'un léger éclat
militaire, n'entraîne quelque gouverneur dans une expédition
peu utile, sans résultat en proportion avec les sacrifices
qu'elle peut coûter ? Voilà ce qu'il faut interdire aux uns et
aux autres ; mais convient-il d'aller plus loin, d'établir deux
catégories de gouverneurs, de priver certains d'entre eux,
ainsi qu'on voudrait le faire, de toute action effective
sur le commandant des troupes ? Nous ne le pensons
pas. Nous avons indiqué quel pourrait être le rôle d'un
préfet dans un département d'outre-mer en ce qui concerne
le service militaire ; ce rôle doit être plus considérable dans
une colonie. Les opérations militaires, le service intérieur
sous toutes ses formes, sont du ressort exclusif du commandant des troupes, sans l'autorité du gouverneur ; mais
à celui-ci seul appartient le droit d'indiquer l'objectif à
atteindre quand il s'agit d'expéditions, de donner les instructions pour les concentrations des troupes lorsqu'au contraire
il s'agit de menaces de troubles. Au gouverneur également
reviennent les droits du ministre et des commandants en
chef, en matière de justice militaire, etc.

Ces droits entraînent, ce qu'on paraîtrait tenté de faire disparaître aujourd'hui (1), certains honneurs, honneurs de forme militaire, qui sont indispensables pour montrer aux indigènes quel est le véritable représentant des pouvoirs publics, quel est le chef. Il ne faudrait pas considérer cette question comme secondaire : le panache peut être déprécié chez nous, dans un pays où l'esprit public s'est élevé, épuré ; il a encore une importance énorme vis-à-vis des populations moins développées, et on aurait grand tort de priver le gouverneur, quel qu'il soit, de cet entourage apparent : s'il est inutile à quelques-uns, il peut ne pas l'être à tous, il ne peut nuire à aucun. Nous ne voyons, pour notre part, nulle difficulté à ce que des militaires soient gouverneurs; on en a connu d'excellents : les Faidherbe, les Jauréguiberry, les Frébault, bien d'autres encore ; on en a connu de moins bons ; mais il y a eu des gouverneurs civils qu'on aurait pu également ranger dans cette dernière catégorie. Autant nous considérions comme inadmissible la théorie qui il y a vingt ans, ne confiait nos colonies qu'à des officiers pouvant parfois être inférieurs à leur tâche, autant nous regretterions de voir repoussé d'un gouvernement colonial un militaire, quelles que fussent ses aptitudes, parce que c'est un militaire. La règle : *the right man in the right place* est applicable, quel que soit l'uniforme que l'on porte.

Certains auteurs, et de ceux qui connaissent le mieux les questions coloniales, ont préconisé le groupement de nos colonies, de manière à constituer de grands gouvernements ; c'est ainsi que M. de Lanessan a proposé la constitution de cinq groupes de colonies, à la tête de chacun desquels serait

(1) Par exemple, par la suppression des aides de camp et des officiers d'ordonnance.

un gouverneur ou commissaire général, assisté d'un conseil de cabinet, formé des chefs de service et d'un certain nombre de conseillers privés ; les colonies satellites-seraient dirigées par un sous-gouverneur, remplissant en même temps les fonctions actuelles du directeur de l'intérieur.

Les cinq groupes, d'après ce projet, seraient les suivants :

Afrique occidentale. — Sénégal, Gabon, Congo ;

Afrique orientale. — Obock, Réunion, Diego-Suarez, Nossi-Bé, Mayotte, Comores.

Asie. — Indo-Chine, Inde.

Océanie. — Nouvelle-Calédonie, Tahiti.

Amérique. — Martinique, Guadeloupe, Saint-Pierre-et-Miquelon, Guyane.

D'une manière générale, nous estimons qu'il convient autant que possible de réunir nos colonies, en vue de centraliser les services, de diminuer les dépenses, mais dans l'application, nous ne saurions admettre tous ces groupements d'établissements, très éloignés les uns des autres, ayant des relations plus directes parfois avec la métropole qu'entre eux, présentant souvent des intérêts opposés.

Nous avons depuis trop longtemps défendu l'unité — on dit l'union — indo-chinoise pour ne pas la soutenir maintenant qu'on l'a obtenue ; mais quel besoin y aurait-il de placer les établissements de l'Inde sous l'autorité du gouverneur général de Saïgon ? Il n'y a là ni communauté de races, ni communauté d'intérêts : il y a surtout le contraste frappant d'une ancienne administration fonctionnant souvent avec les procédés d'une autre époque, et d'une colonie neuve, telle que l'Indo-Chine, organisée avec les idées modernes, dirigée par des fonctionnaires qui ont puisé dans les difficultés de chaque jour l'énergie et la rapidité dans les décisions.

De même, la Nouvelle-Calédonie et Tahiti sont trop éloignées l'une de l'autre pour qu'il ne soit pas nécessaire de placer dans chacune d'elles un représentant direct du Gouvernement, d'un rang assez élevé pour prendre la responsabilité des mesures urgentes.

Saint-Pierre-et-Miquelon est en communication avec les Antilles par les navires qui portent la morue, mais elle l'est au moins autant avec la métropole ; par sa population, par ses besoins, cette colonie est essentiellement différente de la Martinique, où se trouverait le gouverneur général. Ajoutons que si l'idée d'assimilation que nous avons préconisée venait à se réaliser, ce groupe disparaîtrait, laissant aux deux extrémités, d'une part Saint-Pierre-et-Miquelon, un canton normand, de l'autre, la Guyane, une colonie pénitentiaire.

Nous avons, tout en estimant que l'assimilation devrait un jour être étendue à la Réunion, admis qu'il serait peut-être préférable de l'ajourner au moment où nos compatriotes en reconnaîtraient eux-mêmes l'utilité : dans ces conditions, un groupement ayant son centre à Saint-Denis et étendant son action sur Madagascar et jusqu'à la côte d'Afrique (mais sans y comprendre Obock) pourrait sans doute être très avantageux en permettant de réaliser quelques économies. Il n'y aurait plus de chef du service de l'intérieur à Mayotte et à Nossi-Bé ; les relations bi-mensuelles entre les différentes îles permettraient au gouverneur général d'exercer utilement son action.

Ainsi, nos établissements d'outre-mer pourraient être divisés en deux gouvernements généraux : Indo-Chine et côte orientale d'Afrique, et huit gouvernements : Saint-Pierre-et-Miquelon, Guyane, Sénégal, Congo, Obock, Inde, Nouvelle-Calédonie et Tahiti.

Les mesures récemment prises en vue de constituer un corps de gouverneurs et un corps d'administrateurs sont de celles que l'on ne saurait trop approuver ; il importe pourtant de les appliquer de manière à éviter les admissions prématurées, à ne charger des fonctions de gouverneurs, de lieutenants-gouverneurs que des fonctionnaires ayant déjà la pratique de l'administration coloniale.

A côté de chaque gouverneur se groupent un certain nombre de fonctionnaires, chefs des différentes branches de l'administration. On a eu longtemps l'habitude de distinguer les chefs d'administration qui siègent au conseil privé, et les chefs de service qui, ne relevant comme les premiers que du gouverneur, sont pourtant vis-à-vis d'eux dans une situation d'infériorité ; cette distinction, toute arbitraire, tend à disparaître aujourd'hui. Il ne doit exister auprès du gouverneur que des agents placés sur le même pied, les ministres des différents départements. Dans une colonie ordinaire, ces chefs de service sont : le directeur de l'intérieur, le commandant militaire, le chef du service judiciaire, le chef du service financier ; dans certains établissements, le commandant de la marine, le directeur du service pénitentiaire. Mais nous pensons qu'il y aurait un inconvénient à augmenter au delà de cette limite le nombre des fonctionnaires relevant directement du gouverneur, des chefs de départements. On vient de rétablir le droit d'entrée au conseil privé, qui avait été supprimé en 1882, pour les chefs du service administratif de la marine. Nous regrettons cette mesure, et nous aurions préféré bien au contraire que, conformément aux règles en vigueur dans la métropole, le chef du service administratif fût placé sous les ordres directs du commandant des troupes. Sans doute, il a à exercer quelques fonctions au point de vue maritime; il existe dans les colonies quelques embryons d'inscription maritime; mais les fonctions de commissaire aux armements que ces officiers exercent vis-à-vis des navires armés ne présentent pas grande utilité, et il n'y aurait nul inconvénient à ce qu'au point de vue administratif nos navires opérassent aux colonies comme en pays étranger ; nous ne verrions enfin pas grande difficulté à ce que, là où la présence d'un commandant de la marine n'est pas nécessaire, le commandant militaire fût investi, comme supérieur hiérarchique, des quelques fonctions maritimes attribuées au chef du service administratif.

De même, nous ne croyons pas à l'utilité de placer le chef du service de l'instruction publique en dehors de l'action du directeur de l'intérieur ; les essais qui ont été faits à ce point de vue, dans plusieurs colonies, n'ont guère été satisfaisants en général ; l'enseignement primaire est, jusqu'à présent, la seule partie un peu importante de l'enseignement, et il ne semble pas nécessaire de s'écarter, aux colonies, du principe qui a prévalu dans la métropole,, et met cette branche du service sous la direction du préfet.

Par contre, nous estimons que le chef du service financier doit relever directement du gouverneur ; on ne saurait placer trop haut la garde des portes du trésor public ; il convient, d'ailleurs, de confier aux trésoriers-payeurs, sous l'autorité du gouverneur, toutes les attributions que les trésoriers-payeurs généraux métropolitains exercent sous l'autorité du Ministre des finances.

On a réclamé, à plusieurs reprises, le droit pour les fonctionnaires, qui peuvent être considérés comme ayant des relations de service avec des Départements métropolitains, de correspondre directement avec ceux-ci ; cette question a été soulevée par exemple, incidemment, pour les directeurs des administrations pénitentiaires que l'on proposait de rattacher à l'administration pénitentiaire métropolitaine, pour les trésoriers-payeurs qui ont effectivement des relations de service obligatoires avec l'administration des finances, pour les chefs du service judiciaire, etc. Nous ne saurions nous élever trop énergiquement contre ces projets : le gouverneur est et doit rester seul dépendant de l'administration centrale : le jour où un des chefs de service pourrait recevoir des ordres directs, soit de l'administration des colonies, soit, ce qui serait encore plus grave, d'un autre ministère, toute autorité serait perdue : le règne des conflits serait ouvert.

L'existence du conseil privé paraît devoir être maintenue ; il est nécessaire que les actes importants que peut faire le gouverneur ne le soient qu'après consultation obligatoire des différents chefs de service réunis à des représentants plus directs des intérêts locaux, le gouverneur restant toujours maître de passer outre à cet avis.

Un décret récent vient de réorganiser le service de l'inspection dans les colonies et a affirmé une fois de plus le principe d'un contrôle permanent. Sans doute, les inconvénients de ce contrôle ont été diminués : il ne peut plus retarder l'exécution des mesures prescrites par le gouverneur ou les chefs de service, autant que le permettaient les décrets antérieurs, et surtout l'interprétation extensive qui leur avait été donnée, mais il n'en reste pas moins une objection qui se présente à l'esprit de tous ceux qui n'ont pas l'habitude de l'organisation maritime, et même, il faut bien l'avouer, d'une partie de ceux qui la connaissent. Pourquoi ce contrôle extérieur, permanent, *préalable*, est-il spécialement utile dans l'administration de la marine et dans celle des colonies, alors que toutes les autres administrations françaises peuvent se dispenser de ce rouage? On estime que, surtout hors de France, il est nécessaire d'opposer un frein aux impatiences administratives, de placer à côté des fonctions actives un organe de la loi chargé d'en rappeler constamment les prescriptions. On pense que loin de France une inspection mobile, intermittente, ne serait pas suffisante, car ses agents ne trouveraient en arrivant sur les lieux personne pour les renseigner et leur faire remarquer les points délictueux. Nous ne pouvons partager cette impression : le contrôle local n'a pas su empêcher des faits très graves, tels que les longs détournements dans la caisse municipale de Saïgon, etc., et il est permis de supposer que si, par sa présence, par la crainte salutaire qu'il doit inspirer, il peut retenir certains fonctionnaires dans la voie des mesures illégales, il leur enlève — ou du moins il leur permet de se croire enlevée — une partie de leur responsabilité.

Le personnel dont on dispose ne permet de placer des contrôleurs permanents que dans huit colonies : nous craignons même qu'en présence d'un corps aussi restreint, lorsqu'il sera complet et qu'il n'aura plus la ressource de demander au corps de l'inspection de la marine des officiers reposés par un séjour en France d'une certaine durée, on se voie bientôt dans l'impossibilité d'assurer le service même de ces huit colonies, à moins, ce qui est toujours à craindre, d'une augmentation de cadre et d'un accroissement de dépenses.

Nous ne comprenons pas très bien d'ailleurs le service de l'inspection des colonies en tant qu'inspection des services administratifs : il nous paraît bien difficile de trouver des fonctionnaires ayant la compétence nécessaire pour faire — ce qui est leur métier — l'inspection du service financier et surveiller en même temps — ce que semblent leur permettre et leur titre et le développement même que le décret donne de leurs attributions, — les services militaires, comme un contrôleur de l'armée, ceux des prisons, comme un inspecteur général du ministère de l'Intérieur, ceux des établissements de bienfaisance, de la marine, etc. Que l'on constitue les états-majors des gouverneurs avec des fonctionnaires pouvant être utilement envoyés par eux en mission, voyant pour eux, contrôlant les divers services, rien de mieux ; mais quand on veut assurer une inspection supérieure, voir pour le compte du ministre, il faut alors recourir aux hommes compétents et spéciaux.

Quant au service financier, il n'y aurait aucune difficulté à maintenir l'organisation actuelle de l'inspection, mais en groupant les colonies et chargeant un inspecteur d'effectuer des tournées fréquentes dans chacune d'elles. Pour l'Indo-Chine, on pourrait adopter un système analogue à celui qui existe en Algérie pour l'inspection des finances.

CHAPITRE IV

Organisation de l'Indo-Chine.

1

L'Indo-Chine présente, par rapport aux autres colonies, une importance telle que le régime qui lui est applicable doit être essentiellement différent de celui que nous avons esquissé dans les chapitres précédents. Par son étendue, par sa population, par sa constitution surtout au moyen de colonies et de pays de protectorat, ceux-ci eux-mêmes soumis à des régimes différents les uns des autres, notre grande possession de l'Extrême-Orient a un caractère tout spécial qui ne permet guère de lui appliquer les mêmes règles qu'à nos autres possessions d'outre-mer.

Aussi doit-on chercher à ne pas imposer à la métropole des charges aussi lourdes en Indo-Chine que dans les autres établissements, à soumettre le budget local à un contrôle différent de celui qui nous paraît nécessaire partout ailleurs, à le faire rentrer dans l'ordre des attributions parlementaires

La législation applicable aux quatre parties constitutives de l'Indo-Chine est loin d'être identique : alors que le pouvoir de la métropole est complet dans la Basse-Cochinchine, il est mitigé dans les autres parties par les droits que les traités de protectorat ont accordés aux souverains. On ne saurait donc, dès maintenant, édicter des règles communes ; on ne peut qu'établir des règles générales d'administration pour les services communs aux différents pays.

S'il est utile de conserver, en ce qui concerne la Basse-Cochinchine, où se trouvent réunis quelques-uns de nos compatriotes, un conseil local investi d'attributions analogues à celles que nous avons indiquées pour les différentes colonies (1), il en est tout autrement de l'Indo-Chine : le nombre extrêmement restreint des intéréssés, noyés au milieu d'une population considérable, les intérêts à sauvegarder pour obéir à nos engagements, l'importance chaque jour croissante des questions en jeu, ne permettent pas d'abandonner à une assemblée la direction des affaires locales. Pourra-t-on le faire prochainement ? Il est permis d'en douter. Dans tous les cas, il nous semble que, pendant longtemps, l'assemblée locale indo-chinoise ne pourra être que consultative.

Mais il importe aussi de ne pas laisser au pouvoir administratif le droit de légiférer en matière d'organisation indo-chinoise ; la question est de trop grande importance pour que le législateur abdique le droit qui lui appartient de ce chef. Ce n'est même pas l'assemblée coloniale que nous avons proposée (2) qui serait compétente en ces matières : l'organisation de l'Indo-Chine doit être soumise, en ce qui concerne les compétences, aux mêmes règles que celle de la métropole. Là où une loi est nécessaire en France, elle le serait également dans l'Indo-Chine ; là où un décret suffit pour nous, un acte de même nature réglerait l'administration indo-chinoise ; mais

(1) Voir page 68.

(2) Voir page 61.

il faut bien distinguer entre l'Indo-Chine et ses parties constitutives : nous ne voudrions, en aucune manière, étendre à
celles-ci les règles que nous exigeons pour les services communs rattachés, pour les services de souveraineté, l'administration générale, la garde et la défense du pays, la justice,
le service pénitentiaire, les postes et les télégraphes. La
Cochinchine serait administrée comme les autres colonies, les lois y seraient faites de la même manière. Le
pouvoir exécutif garderait tous les pouvoirs qu'il possède
vis-à-vis des pays de protectorat sous la réserve des droits
réservés par les traités aux autorités locales.

Le budget de l'Indo-Chine, voté comme budget annexe du
budget général de l'État, doit être constitué d'une manière
toute spéciale; il y a le plus grand intérêt à connaître ce qu'une
possession de cette importance coûte au pays : au lieu de
noyer ses dépenses dans l'ensemble du budget colonial, de
fondre ses recettes dans les ressources générales du Trésor
public, il y a tout avantage à les faire apparaître d'une
manière spéciale, très nette, à indiquer quelles sont les
sources qui l'alimentent. Aussi croyons-nous nécessaire de
constituer un budget complet de l'Indo-Chine en recettes et en
dépenses; nous en indiquerons plus loin l'économie.

Chacune des parties constitutives de l'Indo-Chine conservant son autonomie, sauf en ce qui concerne les services de
souveraineté, ceux-ci seraient placés sous la haute direction du gouverneur général, représentant du pouvoir métropolitain, responsable vis-à-vis de celui-ci, donnant des
instructions aux agents supérieurs métropolitains en Cochinchine, au Cambodge, en Annam et au Tonquin, dans les mêmes
conditions que le Ministre des Colonies en donne aux gouverneurs, le Ministre des Affaires étrangères au résident général
à Madagascar. Ce serait, à ce point de vue, à peu près le
régime résultant des derniers décrets, sauf un point : le lieu-

tenant-gouverneur en Cochinchine, les résidents généraux ont actuellement sous leurs ordres les chefs des services indo-chinois ; nous voudrions qu'il en fût autrement et que ceux-ci reçussent sans intermédiaire les ordres de leur chef d'administration placé à côté du gouverneur général : le résident général, le commandant des troupes au Cambodge, par exemple, appartiennent, en effet, à des hiérarchies distinctes entre lesquelles on ne devrait pas tolérer d'immixtion réciproque. Sans doute il convient d'avoir, surtout dans un pays neuf, un représentant de la France armé d'une autorité prépondérante ; mais cette nécessité n'existe pas au même degré à Saïgon, à côté du gouverneur général, à Hanoï ou à Pnom-Penh, où les communications télégraphiques avec la capitale sont d'une extrême facilité. Il y a évidemment un grand inconvénient à obliger le chef du service judiciaire au Cambodge à remettre au résident général sa correspondance avec son supérieur direct, le procureur général de l'Indo-Chine (1), le général de brigade commandant à Saïgon à communiquer avec son divisionnaire à Hanoï, par l'intermédiaire du lieutenant-gouverneur de la Cochinchine. Nous sommes persuadé qu'il faudra bientôt arriver à constituer l'Indo-Chine sous la forme d'un véritable gouvernement avec cinq ministres, chacun d'eux correspondant avec ses représentants dans les parties constitutives comme les ministres métropolitains avec leurs représentants directs, le lieutenant-gouverneur et les résidents généraux ayant une situation analogue à celle de nos préfets. L'action politique, prédominante, d'un préfet dans un département n'empêche pas le directeur des postes et télégraphes de recevoir des ordres directs

(1) Le même inconvénient existerait en Cochinchine si on n'avait pas confié au chef du service judiciaire de l'Indo-Chine les fonctions de chef du service judiciaire en Cochinchine ; il y a là une autre difficulté dont on saisira bientôt les inconvénients.

du ministre des finances; il devrait en être de même en Indo-Chine.

Dans le même ordre d'idées, nous regrettons qu'on ait établi la subordination du résident à Hué vis-à-vis du résident à Hanoï; il y avait autrefois deux résidents supérieurs, indépendants l'un de l'autre et relevant tous deux du résident général; les pouvoirs de celui-ci auraient dû passer au gouverneur général et, par suite, les résidents supérieurs être maintenus avec leurs attributions anciennes. Il n'y a nul avantage à placer sous les mêmes règles le Tonquin et l'Annam vis-à-vis desquels nous avons des pouvoirs différents Il aurait d'ailleurs été préférable de ne pas reconstituer cet organisme coûteux de la résidence générale d'Hanoï, qui sera toujours une entrave à l'action commune dans l'Indo-Chine.

Les cinq ministres du gouvernement général seraient les chefs d'administration établis par le décret du 17 octobre 1887; mais le service pénitentiaire que nous croyons utile de rattacher à l'Indo-Chine, serait confié au chef du service judiciaire; il paraîtrait en outre nécessaire de déterminer les attributions du secrétaire général en lui confiant le personnel administratif proprement dit, la police et les postes et télégraphes qui, indiqués par le décret comme services communs, ne sont pourtant pas placés sous la direction d'un des chefs d'administration (1).

On a beaucoup protesté contre l'article 4 du décret du 17 octobre 1887, qui donnait au gouverneur général, par délégation du Président de la République, le droit de statuer sur les recours en grâce, et on s'est décidé le 12 novembre à rapporter cette disposition. Il est évident que cette mesure était

---

(1) A moins qu'on ne les considère comme une régie, ce qui serait peut-être peu avantageux au point de vue de la bonne exécution du service.

insuffisante et, en réalité, inutile.. Ce qui est nécessaire, c'est que l'on puisse, vis-à-vis des indigènes, dans certaines circonstances graves, appliquer un châtiment rapide, frapper la population par une mesure de rigueur. La délégation au gouverneur général des pouvoirs du Président de la République aurait sans doute l'avantage de placer le droit de grâce entre les mains de l'autorité qui peut le mieux se rendre compte des nécessités politiques ou sociales en jeu, mais il resterait toujours le recours en cassation qui est une cause de retard telle que bien souvent on hésite à faire exécuter une sentence contre un condamné qui l'attend depuis de longs mois. Tant qu'on conserve le recours en cassation, il n'y a pas grand intérêt à déléguer le droit de grâce au gouverneur général, mais il nous semble *qu'en ce qui concerne les indigènes*, le recours en cassation pourrait être, sans inconvénient, déféré à la cour d'appel de Saïgon, toutes chambres réunies, et que les sentences capitales pourraient être exécutées lorsque le gouverneur général aurait statué après avis *conforme* du conseil supérieur.

Le décret du 17 octobre 1887 a déterminé les dépenses communes de l'Indo-Chine, dépenses correspondant aux services rattachés; nous sommes surpris de ne pas y trouver le personnel et le matériel de la Justice. Si la Justice, en effet, est un organisme local, cochinchinois, cambodgien, tonquinois, à quoi sert un chef commun du service de la Justice? On ne saurait prétendre qu'il n'existe d'organisation judiciaire qu'en Cochinchine; on n'a pas encore supprimé le tribunal de Phom-Ponh et on ne pourra éviter la création au Tonquin de tribunaux confiés à des magistrats; les intérêts civils et commerciaux y prennent rapidement une importance telle que les fonctionnaires administratifs ne pourront pas longtemps cumuler avec leurs fonctions des pouvoirs judiciaires. La Justice est un de ces attributs de la souveraineté pour lequel nous ne saurions admettre le payement par les budgets locaux, nous réclamerions donc son passage au budget indo-chinois.

Nous ferons la même remarque, en ce qui concerne le service pénitentiaire : tel qu'il existe aujourd'hui, il laisse à désirer dans toutes les colonies. Il importe que l'action métropolitaine s'exerce de ce côté et introduise une régularité indispensable pour l'application des peines. D'ailleurs, on ne comprend pas pourquoi l'individu qui reste à la charge de la Cochinchine, tant qu'il subit à Poulo-Condore la peine des travaux forcés, tombe à la charge de la métropole s'il vient à être envoyé à Obock.

Nous constatons encore avec regret l'omission à l'article 8 du décret, d'un certain nombre de dépenses qui sont au premier chef des dépenses de souveraineté, par exemple le personnel de l'administration générale — et non pas seulement, comme dit le décret, du gouvernement général, — c'est-à-dire les résidents, l'administration de la Cochinchine (direction de l'intérieur et services extérieurs) — la police générale et enfin les pensions du personnel indo-chinois qui, probablement par oubli, ne figurent pas dans cette énumération. Il est, en effet, anormal de laisser à la charge de la métropole des pensions d'un personnel exclusivement colonial; sans doute, ce personnel supporte une retenue de 5 0/0 sur son traitement ; sans doute encore, les colonies versent une subvention, mais l'une et l'autre réunies sont à peine égales à la moitié des charges qu'impose à l'Etat le payement de ces pensions, surtout depuis qu'on s'est décidé à rétribuer avec des pensions à forme militaire des services essentiellement civils.

Les ressources du budget indo-chinois, prévues par l'article 9 du décret d'organisation, sont : le produit des postes et télégraphes, les contributions des différentes parties constitutives et la subvention métropolitaine. Nous avouons ne pas comprendre le motif qui n'y a pas fait inscrire les douanes : s'il est, en effet, un produit qui devrait figurer en première ligne dans le budget indo-chinois, c'est celui du service pour lequel l'union a été constituée en premier lieu. D'ailleurs, si les revenus des douanes appartiennent au pays dans lequel ils ont été perçus, il faut établir des lignes douanières entre la Cochinchine et le Cambodge ; il en faudra, plus tard, entre la Cochinchine et l'Annam, ou bien on est obligé de renoncer, pour ces pays, à la remise des droits sur les marchandises en transit. Pourquoi appeler la Cochinchine, le Cambodge, le Tonquin à s'occuper individuellement d'un service qui a été créé, il faut le reconnaître, surtout pour assurer une protection aux industries métropolitaines ?

Par qui le budget ainsi constitué doit-il être approuvé ? La solution adoptée a été celle d'un décret rendu en Conseil des ministres, sur le rapport du Ministre de la Marine et des Colonies. Les contributions sont fixées par arrêtés ministériels : le budget étant approuvé par décret, les contributions qui y sont portées le sont également, et, par suite, un arrêté ministériel est inutile, puisqu'il ne peut rien modifier aux fixations du budget ; mais ce n'est là qu'une critique très secondaire. L'observation qu'il nous paraît nécessaire de présenter sur ce point porte plus haut, nous l'avons déjà indiquée ; l'Indo-Chine est une possession trop considérable, les dépenses auxquelles elle donne lieu ont pour le pays une importance trop grande pour que le pouvoir législatif renonce à réclamer une action directe sur ce budget, qui devrait, comme celui de l'Imprimerie nationale ou de la Légion d'Honneur, par exemple, être soumis au Parlement.

2.

L'une des questions les plus importantes en Indo-Chine, non seulement pour l'avenir du pays, mais encore pour le calcul des dépenses, est l'organisation militaire. Nous exposerons, à propos des garnisons coloniales, les principes généraux qui doivent selon nous régler leur régime (1). Il convient d'entrer dans quelques détails en ce qui concerne l'Indo-Chine.

La garnison en troupes françaises pourrait être composée de la manière suivante :

5 bataillons d'infanterie.	4.000 hommes			
3 bataillons d'infanterie légère d'Afrique	2.400	—		
3 bataillons étrangers formant un régiment de marche	2.400	—		
6 batteries d'artillerie.	900	—	plus	600 auxiliaires.
1 compagnie du génie.	150	—		
1 compagnie du train.	200	—	plus	400 auxiliaires.
2 compagnies d'ouvriers d'artillerie.	250	—		
États-majors, etc.	150	—		
Gendarmes.	50	—		

Total. . . . . 10.500 hommes plus 1.000 auxiliaires.

A ce chiffre il faudrait ajouter 17 bataillons de troupes indigènes, à l'effectif moyen de 900 hommes, états-majors

(1) Voir chap. VI.

7

compris, soit 15,300 hommes (1). Ces troupes indigènes continueraient à être fractionnées en petits détachements, de manière à occuper le plus grand nombre de points, mais ces détachements ne devraient pas cependant être inférieurs à 50 hommes, car, au-dessous de ce chiffre on doit renoncer à toute opération de police un peu importante. Qu'il survienne, en effet, pendant la nuit, une descente de pirates dans un village placé à proximité d'un poste de 20 à 30 hommes, le chef de poste ne peut songer à aller les surprendre, il ne voudrait pas s'exposer à laisser son poste sous la garde de quelques indigènes seulement. Quant aux troupes françaises, elles devraient toujours être groupées par fortes unités ; la compagnie, maintenue au chiffre de 200 hommes, pour mettre en ligne au moins 150 hommes, serait la plus faible unité de garnison.

La défense de l'Indo-Chine ne peut être assurée par des troupes opérant en rase campagne : le jour où la Chine voudrait lancer sur nous ses nombreuses armées, ce n'est pas avec une garnison européenne de 5 à 6,000 hommes au Tonquin, avec 10,000 hommes de troupes indigènes, qu'on pourrait constituer une barrière suffisante pour permettre d'attendre des renforts, si cette garnison ne s'appuyait sur de solides fortifications. De là la nécessité de construire des forts d'arrêt sur les routes qui permettent de déboucher vers le Tonquin, des trois provinces limitrophes : le Yunam, le Quang-Si et le Quang-Tung. Ces forts auraient en outre

---

(1) Ces bataillons pourraient continuer à être constitués en régiments : 1 régiment de tirailleurs cochinchinois à 3 bataillons ; 4 régiments de tirailleurs tonquinois à 3 bataillons ; 1 régiment de tirailleurs annamites à 2 bataillons. Les compagnies devraient être maintenues à 220 hommes, cadre compris. On organiserait autant que possible le recrutement sur des bases analogues à celles éprouvées en Cochinchine. Plus tard, on pourrait peut-être créer, soit au Cambodge, soit au Tonquin, de nouveaux bataillons permettant de rapatrier un ou deux bataillons européens.

l'avantage d'assurer le logement de nos troupes dans des casernes bien établies, où les chances de maladie seraient notablement diminuées, de mettre à côté de chacune de ces agglomérations militaires les hôpitaux, les manutentions, les magasins indispensables pour rendre aux hommes la vie supportable et leur permettre de rester le plus longtemps possible hors de France. Chaque fort pourrait être occupé par un bataillon d'infanterie, une section d'artillerie et un détachement du génie, donnant à tout moment une colonne disponible de 5 à 600 Européens. Il resterait pour la garde du Delta et des villes les plus importantes trois bataillons d'infanterie (1) et deux batteries d'artillerie, réserve très suffisante pour une opération dans une direction déterminée.

La garde de l'Annam serait assurée par deux bataillons d'Afrique et une batterie d'artillerie ; celle de la Cochinchine et du Cambodge, par un régiment d'infanterie à trois bataillons et deux batteries d'artillerie.

Deux généraux de brigade commanderaient, sous les ordres du commandant en chef, l'un, les troupes de la Cochinchine, du Cambodge et de l'Annam, l'autre, celles du Tonquin. Ces brigades n'auraient, d'ailleurs, qu'une existence territoriale ; on constituerait au besoin des colonnes sous les ordres des colonels ou lieutenants-colonels chefs de corps.

On a essayé, au Tonquin, de constituer une force militaire locale au moyen de milices recrutées comme les anciens *matas* de Cochinchine, mais organisées militairement, sous les ordres d'officiers et de sous-officiers européens, échappant, malgré cela, à l'autorité militaire, pour relever exclusi-

---

(1) Dans ce système le service à la frontière serait assuré par un bataillon d'Afrique et deux bataillons de la légion ; la réserve serait constituée par deux bataillons d'infanterie et un bataillon de la légion, permettant de remplacer de temps en temps les deux autres dans leurs garnisons.

vement des administrateurs. Nous croyons qu'on a agi sagement en supprimant jadis en Cochinchine les *matas*, en tant que force militaire, en les réduisant au rôle d'agents civils des administrateurs, pour ne pas donner à ceux-ci la tentation de faire de petites opérations personnelles; aussi ne saurions-nous trop nous élever contre cette milice tonquinoise, qui, constituée parallèlement aux régiments de tirailleurs, en dehors — on pourrait peut-être dire en opposition — de l'autorité militaire, ne peut guère être d'aucune utilité pour la défense du pays. Tout ce qui est troupes doit dépendre d'une seule autorité; il n'est nullement nécessaire d'organiser militairement, avec des chefs empruntés à l'armée, et pourvus de grades ne correspondant en rien à ceux qu'ils possèdent réellement, des auxiliaires de l'administration. Peut-être faudrait-il donner à un certain nombre d'entre eux des fonctions analogues à celles de la gendarmerie, constituer une police indigène rattachée à la gendarmerie nationale; nous n'y verrions aucune difficulté, et nous croyons même qu'il y aurait là de sérieux avantages, mais on ne saurait, sans danger, placer une force militaire organisée sous l'autorité directe des administrateurs.

La justice, en Cochinchine, avait été constituée par des décrets successifs dont le dernier, celui du 25 mai 1881, lui avait donné une organisation très sage, permettant d'assurer aux indigènes comme aux Européens les bienfaits d'une magistrature éclairée, des tribunaux assez nombreux pour rapprocher le prétoire des justiciables, assez fortement composés pour que l'action publique fût exercée d'une manière régulière : un décret postérieur, du 9 décembre 1886, avait encore amélioré cette situation en créant, à côté des tribunaux de première instance, un certain nombre de justices de paix à compétence étendue, permettant aux magistats, à qui elles devaient être confiées, de se transporter dans tous les centres les plus importants de leur ressort pour tenir des audiences foraines, sans inconvénient pour l'exercice de leurs autres attributions. Cette situation a été complètement modifiée par le décret du 15 novembre 1887 : deux tribunaux de première instance seuls sont maintenus : Saïgon et Vinhlong, et on ne laisse plus pour tout le reste du territoire de la Cochinchine que cinq justices de paix à compétence étendue. Sans doute, on a réalisé l'économie du traitement d'un certain nombre de magistrats, mais au prix de quels sacrifices pour le bon fonctionnement de la justice ? Dans l'ancien ressort du tribunal de Chaudoc, par exemple, là où on avait, en 1886, jugé nécessaire d'adjoindre une justice de paix à compétence étendue siégeant au Rachgia, il ne reste plus que deux magistrats. Ils doivent, il est vrai, tenir des audiences foraines une fois au moins par mois dans chacun des chefs-lieux des arrondissements, mais le transport constant à Hatien, à Long-Xuyen et au Rachgia, qui constituera sans doute le rôle du suppléant, ces longues courses dans les arroyos l'occuperont constamment, si l'on tient compte surtout des périodes de fièvre qu'il aura à traverser au retour de ses tournées. Le juge de paix titulaire restera à Chaudoc ; mais il est chargé de l'instruction, et, qu'un crime se commette dans sa circonscription, il est personnellement obligé de se rendre sur les lieux. Qu'arrivera-t-il si à ce moment la cour criminelle dont il fait partie doit se réunir à Chaudoc ? Le fonctionnement de ces cours criminelles, si facile autrefois, devient aujourd'hui peu pratique en ce qui concerne, par exemple, le ministère public : sept magistrats seulement peuvent en être chargés, en comptant même le procureur général, et si l'on tient compte du service régulier des deux chambres de la cour, des parquets de Saïgon et de Vinhlong, on voit que les deux substituts du parquet général devront être successivement détachés aux douze sessions criminelles de Mytho, Chaudoc et Soctrang.

On pouvait supprimer dans les tribunaux existant les juges chargés de l'instruction; le parquet est investi en Cochinchine du droit de saisir directement les tribunaux répressifs, l'instruction peut être faite par lui : on devait s'arrêter là. L'action du juge de paix à compétence étendue sera dans bien des cas insuffisante, car, absorbé par ses nombreuses occupations (1), il ne pourra que très rarement faire sur place une instruction complète. — En réalité, l'économie réalisée est celle de cinq procureurs de la République, de quatre juges de paix à compétence étendue, c'est-à-dire de 80,000 francs; mais, n'y aura-t-il pas à faire entrer en compte les dépenses de déplacement des juges et des greffiers pour les audiences foraines, des magistrats du parquet se rendant aux sessions des cours criminelles, etc.? Il y a encore une autre économie, c'est celle résultant de la réduction d'un certain nombre de traitements; elle paraît acceptable (2); car si la bonne distribution de la justice n'est pas étrangère aux ressources dont disposent les juges, à la considération dont ils peuvent être entourés, les chiffres fixés permettent

(1) Le nombre des jugements rendu en 1886 a été de :
733 pour le ressort actuel du juge de paix de Bienhoa ;
2600 (environ) — — Mytho (anciens tribunaux de Mytho et Bentré moins Travinh);
1195 — — Chaudoc ;
1177 — — Soctrang.

(2) L'échelle des traitements paraît même répondre à un classement rationnel permettant un avancement régulier. On trouve en effet : 18 traitements, soit de début à 6,000 francs (13), soit de premier avancement à 8,000 et 9,000 francs (5), puis 9 traitements à 10,000 francs et 9 à 12,000 francs ; enfin 6 emplois supérieurs de 13,000 à 20,000 francs. Ceci sera suffisant à la condition, d'une part, d'établir l'autonomie de la magistrature indochinoise et de l'autre de garder une juste proportion entre ses traitements et ceux des autres services.

encore aux magistrats de Cochinchine de conserver leur situation ; mais ce n'est pas seulement par le traitement que l'on peut assurer un bon recrutement de la magistrature ; c'est encore par la situation qui est faite à ses membres : or, ils considéreront toujours le titre de juge de paix comme ne les faisant pas rentrer dans l'échelle ordinaire de la magistrature, et il y aura de ce côté une diminution notable dans l'attraction vers la Cochinchine qui avait permis d'y constituer, depuis quelques années, un corps judiciaire très remarquable.

Dans toute cette organisation, rien n'a été prévu pour le Tonquin ; il est pourtant indispensable, nous l'avons déjà fait remarquer, d'assurer aux justiciables des tribunaux réguliers.

Nous estimons donc qu'il faudrait rétablir pour la Cochinchine et le Cambodge l'organisation résultant des décrets de 1881 et 1886, supprimer seulement les lieutenants de juge, modifier un peu les traitements et créer deux tribunaux au Tonquin. Cette organisation devrait être complétée par l'établissement d'une police judiciaire indépendante des administrateurs des affaires indigènes ; notre colonie est parvenue aujourd'hui à un état de développement suffisant pour que les différentes autorités soient complètement séparées ; nous avons déjà demandé que l'action militaire soit placée entièrement entre les mains des chefs militaires, de même la justice doit être confiée uniquement aux magistrats. La création d'une gendarmerie indigène faciliterait cette double séparation.

Nous rappelons enfin la nécessité de confier à la cour de Saïgon, toutes chambres réunies, la connaissance des pourvois en cassation dans lesquels des indigènes seuls sont en cause ; si on ne se décide pas à accepter cette proposition, le nombre des pourvois de l'Indo-Chine sera bientôt une réelle difficulté pour la Cour de cassation (1).

L'administration de l'Indo-Chine devrait être confiée à un seul et même corps de fonctionnaires chargé des bureaux du gouvernement général, du secrétariat général, du gouvernement de la Cochinchine, de l'administration des affaires civiles et indigènes de la Cochinchine, ainsi que des résidences supérieures et des résidences. On aurait ainsi le grand avantage de pouvoir faire participer à la direction des affaires de l'Annam et du Tonquin les fonctionnaires si distingués qui depuis vingt-cinq ans se sont formés en Cochinchine et qui apporteraient dans les protectorats la connaissance des indigènes, de leurs habitudes et de leurs besoins, connaissance indispensable pour les conduire sans froissement. Il est bien regrettable que l'esprit d'opposition qui s'est fait jour dans les relations de la Cochinchine et du Tonquin, des autorités placées à leur tête, ait eu pour conséquence la constitution au Tonquin d'un personnel nouveau, plein de bonne volonté sans doute, mais peu au courant du pays, alors que le budget cochinchinois supportait la charge de fonctionnaires en supplément qu'il ne pouvait utiliser. La fusion des deux services doit entraîner la fusion du personnel. Il sera utile d'ailleurs, de prévoir pendant les premières années la possibilité, d'une part, de détacher en mission dans le service des affaires indo-chinoises un certain nombre d'officiers et de fonctionnaires métropolitains, de l'autre, de confier les fonctions de résidents aux officiers commandant les troupes dans les postes des frontières.

____

(1) Le nombre des pourvois formés devant la Cour de cassation, en matière criminelle seulement, s'est élevé de 34 en 1883, à 70 en 1886.

§ 3.

Quel peut être le budget de l'Indo-Chine et de quelle manière peut-on assurer son équilibre ? C'est là la dernière question que nous nous proposons de traiter.

Il est nécessaire tout d'abord de déterminer exactement ce que coûtera l'Indo-Chine en 1887; le tableau suivant fait connaître la répartition entre les différents budgets des charges qu'entraînent l'occupation et l'administration, à tous les points de vue, de ce grand pays.

	CHARGÉS SUPPORTÉES par la métropole	CHARGES SUPPORTÉES par les pays indo-chinois
Budget des affaires étrangères. .	30.000.000	»
— de la Marine. . . . . . . {	6.309.000 (A) 506.000 (B)	»
— des Colonies.	3.243.000 (C)	»
— de la Guerre.	4.410.000 (D)	»
— de la Cochinchine	»	24.353.000 (E)
— du Tonquin	»	14.860.000 (F)
— de l'Annam	»	1.800.000 (G)
— du Cambodge	»	3.275.000 (H)
Totaux.	44.468.000	44.288.000
A déduire : Contribution de la Cochinchine. .	2.000.000 (I)	»
	42.468.000	44.288.000
Total général. . . .	86.756.000	

(A) Division navale de Cochinchine 1.556.000 Projet de budget pour 1888 p. 1759.
    Défense mobile . . . . 25.000 —   —   —   1761.
    Troupes de la marine . . . . . 1.770.000 —   —   —   1765.
    Transports . . . . 2.958.000 Chiffre emprunté au livre de M. Vignon, page 140.
                        6.309.000

(B) Chiffre indiqué aux pages 1682 et 1684 du projet de budget comme réalisant une économie, la marine ne devant plus supporter l'entretien de ses troupes en Annam et au Tonquin : mais le budget du protectorat prévoit par contre cette dépense comme payée par la marine.

(C) Chiffre porté au budget de développement du service colonial en 1887, p. 89.

(D) Différence entre le chiffre de 4,916,000 francs indiqué au budget du protectorat pour 1857, p. 48 et le chiffre de 506,000 francs porté plus haut comme applicable aux troupes de la marine.

(E) Budget de la Cochinchine 6,088,260 piastres à 4 francs. Ce n'est pas là une dépense qui incombe complètement aux habitants, puisqu'elle comprend des services rendus comme les postes et télégraphes et même des fournitures en nature comme l'achat de l'opium.

(F) Budget du Tonquin, p. 5.

(G) Chiffre correspondant à l'entretien de 4 bataillons de chasseurs annamites, calculé approximativement d'après le coût d'un régiment de tirailleurs tonquinois : 3,000 hommes à 600 francs.

(H) Budget du protectorat, 1887.

(I) Cette somme entrant en recette au budget général vient en atténuation aux dépenses métropolitaines.

C'est donc une somme de près de 87 millions qui se dépensera en Indo-Chine en 1887 ; il paraît possible avec la nouvelle organisation de faire une économie d'environ 5 millions surtout si on se décide à ne pas créer des états-majors trop nombreux et trop payés. La dépense totale se trouverait ainsi ramenée à 83 millions ; on pourrait y faire face de la manière suivante :

Douanes de l'Indo-Chine . . 8.000,000 chiffre admis en général comme un minimum.

Budget de la Cochinchine. . 24.400.000
    — du Tonquin. . . . . 20.000.000 (Il n'est pas exagéré d'admettre en 1888, une augmentation de 5 millions.)

    — de l'Annam. 1.800.000
    — du Cambodge. . . . 3.300.000
Subvention métropolitaine . 22.000.000 Réduction à moitié de la somme que coûte actuellement l'Indo-Chine.

                        79.500.000

Déficit : 4 millions environ; nous indiquerons plus loin comment on pourrait le combler.

Il est nécessaire maintenant, pour établir le budget futur de l'Indo-Chine, de déterminer dans chacun des budgets locaux la part afférente aux services que nous proposons de rattacher; en voici le relevé (1) :

	COCHINCHINE	TONQUIN	ANNAM	CAMBODGE	TOTAL
Gouvernement et administration centrale, police générale, fonds secrets, etc.	288.000 (I) 648.000 (II) 1.552.000 (III) 28.000 (XVIII)	2.408.000 (I) 370.000 (II) 880.000 (VII)	» » »	339.000 35.000 19.000	» » »
	2.516.000	3.658.000	»	393.000	6.567.000
Services militaires et maritimes.	1.756.000 (IV)	31.255.000	1.800.000	32.000	34.843.000
Justice.	1.116.000 (V)	44.000 (II)	»	85.000	1.245.000
Administration pénitentiaire.	673.000 (XI)	285.000 (II) (4)	»	4.000	962.000
Trésor	308.000 (VIII)	284.000 (V)	»	41.000	633.000
Douanes	»	656.000 (V)	»	»	656.000
Postes et télégraphes.	2.288.000 (IX)	961.000 (V) 200.000 (VII)	»	125.000	3.574.000
Caisse et compte de prévoyance (2).	200.000 (XII)	»	»	»	200.000
Versement pour pension au Trésor public.	130.000 (XX)	»	»	»	130.000
Contribution à la métropole .	2.000.000 (XX)	»	»	»	2.000.000
	10.987.000	37.343.000	1.800.000	680.000	50.810.000
A déduire : Subvention métropolitaine .	»	30.000.000	»	»	30.000.000
Reste.	10.987.000	7.343.000	1.800.000	680.000	20.810.000

(1) Les chiffres entre parenthèses indiquent les numéros des articles des budgets.

(2) Ces chiffres sont calculés approximativement en tenant compte des employés restant au service de la Cochinchine et de ceux passant au service de l'Indo-Chine.

(3) Le projet de budget de 1887 de la Cochinchine porte à ce titre 398,878 piastres soit environ 1,596,000 francs ; mais il indique en regard le chiffre de 2,200,000 francs ; nous avons adopté celui de 2,000,000.

(4) Ce chiffre comprend 45,000 francs applicables aux prisons de l'Annam. (Entretien de prisonniers à Poulo-Condore, etc.)

Ce sont là les sommes que l'on pourrait *théoriquement* demander à chacune des parties constitutives de l'Indo-Chine, de manière à ne pas troubler leurs budgets ; mais il n'y a aucun inconvénient à l'augmenter pour la Cochinchine de 1 million que l'on retrouvera par des économies sur le budget. Celui de l'Indo-Chine s'établirait donc en recettes de la manière suivante :

Contribution de la Cochinchine	12.000.000
— du Tonquin	7.400.000
— de l'Annam	1.800.000
— du Cambodge	680.000
Recettes des Douanes	8.000.000
Recettes des Postes et Télégraphes	600.000
Subvention métropolitaine	22.000.000
	52.480.000

Quant aux dépenses, elles peuvent être calculées de la manière suivante :

SERVICES MILITAIRES

10.500 hommes de troupes françaises à 1.300 fr.	13.650.000	
1.000 auxiliaires à 500 fr.	500.000	
15.300 hommes de troupes indigènes à 600 rr.	9.180.000	
Transport de 5.800 hommes par an dans chaque cours à 225 fr. par voyage	2.610.080	34.440.000
Matériel d'artillerie et de génie	2.500.000	
Entretien et amélioration des établissements militaires	1.000.000	
Flottilla	5.000.000	

SERVICES CIVILS

Gouvernement, Administration, Police	5.500.000	
Justice	1.250.000	
Service pénitentiaire.	960.000	
Trésor	600.000	12.310.000
Douanes	(1) »	
Postes et Télégraphes.	3.500.000	
Pensions et Caisse de prévoyance	500.000	

	46.750.000
Dépenses imprévues. 2 0/0	950.000
Total.	47.700.000

Ainsi le budget se solderait avec un excédent de 4 à 5 millions, permettant de faire face à certaines augmentations de dépenses momentanées, par exemple à un effectif de troupes européennes plus élevé que celui prévu pendant un ou deux ans, à l'amortissement d'un emprunt ou à la réduction de la contribution du Tonquin.

Un emprunt, en effet, est indispensable pour les grands travaux que l'on ne peut se dispenser d'entreprendre dans le pays sous peine de compromettre sa sécurité au point de vue militaire et de tarir ses revenus en n'utilisant pas les ressources naturelles de toute nature ; cet emprunt pourrait s'appliquer, soit à l'Indo-Chine, pour les fortifications, le casernement et au besoin l'équilibre des premiers budgets ; soit à la Cochinchine, au Tonquin, peut-être au Cambodge pour leurs travaux publics. Une somme de 30 millions serait suffisante ; elle pourrait,

---

(1) Nous supposons que la somme de 8,000,000 est le produit net des douanes, auquel s'ajoutera le montant des sommes payées par la colonie et les protectorats pour les frais de perception de leurs régies.

probablement, être empruntée au taux de 4,75, en donnant au besoin comme garantie les droits de douane ; un amortissement en cinquante ans n'entraînerait qu'une annuité de 1,890,000 fr. environ, qu'il serait possible de payer dès 1889, d'autant plus que l'emprunt ne serait pas immédiatement réalisé en entier. La conclusion de cet emprunt serait facilitée par la possibilité de concéder le privilège d'une banque d'émission à l'établissement qui consentirait à le contracter, le privilège de la banque de l'Indo-Chine arrivant précisément à son échéance.

Il reste enfin à examiner quelle serait la situation du budget local de la Cochinchine et de celui du Tonquin.

Pour la Cochinchine, les dépenses de souveraineté payées actuellement par le budget seraient remplacées par une contribution supérieure d'un peu plus d'un million ; les recettes prévues étant diminuées de 336,000 fr. (recettes des postes et télégraphes), ce serait donc une réduction effective d'environ 1,300,000 francs qu'on pourrait trouver dans des économies (1).

Quant au Tonquin, le budget des dépenses ne serait plus que de 14,700,000 fr., mais celui des recettes tomberait à 10,805,000 fr., la contribution à l'Indo-Chine devrait être momentanément réduite de la différence en attendant les accroissements très probables de recettes.

---

(1) Nous admettons d'ailleurs qu'il n'y aurait pas de diminution dans les ressources de la Cochinchine, résultat probable si on se décide à renoncer à établir le budget en piastres. Le gouvernement de M. Filippini avait eu la pensée de substituer le franc à la piastre, ce qui présentait le double avantage d'amener plus facilement les indigènes à nos habitudes, à nos principes et de débarrasser la métropole d'un stock d'argent très dangereux pour notre situation monétaire. Il faut espérer que l'abandon de cette règle ne sera que momentané.

La combinaison proposée permet donc d'assurer dans des conditions suffisantes, non seulement les ressources du budget indo-chinois, mais encore celles des budgets locaux de la Cochinchine et du Tonquin.

CHAPITRE V

Régime commercial.

Le régime commercial actuel de nos colonies est trop connu pour qu'il soit nécessaire de l'exposer à nouveau. Nous nous contenterons de rappeler qu'il n'existe actuellement de droits protecteurs des produits français (1) qu'à la Guyane, au Sénégal, au Gabon (2), à Saint-Pierre-et-Miquelon, à Nossi-Bé, et enfin dans l'Indo-Chine où un régime spécial a été établi par le décret du 8 septembre 1887. Les chiffres suivants font connaître quelle est actuellement la part de nos produits dans la consommation de chacun de nos établissements d'outre-mer (3).

(1) La question des colonies assimilables a été traitée précédemment.

(2) Nous avons déjà indiqué que depuis le rattachement du Gabon au Congo on a cessé de percevoir les droits de douane, bien qu'aucun décret régulier ne les ait supprimés.

(3) Ces chiffres se rapportent à l'année 1886, sauf en ce qui concerne le Sénégal et la Nouvelle-Calédonie pour lesquels nous n'avons pu nous procurer que les documents relatifs à 1885.

	CHIFFRE total des importations	CHIFFRE des importations métropolitaines *y compris celles des Colonies françaises*	PART des importations de la métropole et des colonies françaises Pour, cent
Guyane	7.163.000	5.069.000	71
Saint-Pierre-et-Miquelon	13.961.000	4.320.000	31
Sénégal	25.037.000	13.033.000	52
Gabon.	2.475.000	443.000	18
Obock.	»	»	»
Mayotte	1.205.000	604.000	50
Nossi-Bé.	2.630.000	28.000	11
Inde.	5.630.000	1.095.000	19
Cochinchine	85.583.000	31.710.000	37
Nouvelle-Calédonie.	8.497.000	4.979.000	59
Océanie	3.023.000	442.000	15

Ainsi, la colonie qui importe relativement le plus de produits français, la Guyane, en reçoit 71 0/0; mais ce chiffre n'a aucune signification au point de vue métropolitain, car il comprend toutes les importations de la Martinique; il va en diminuant jusqu'à Nossi-Bé, qui ne demande à la métropole que 11 0/0 des produits extérieurs nécessaires à la consommation; la moyenne générale, en y comprenant le commerce intercolonial, s'élève seulement à 40 0/0.

Nous l'avons déjà fait remarquer : la principale raison d'être des colonies, c'est le commerce d'exportation de la métropole. Peut-on considérer comme suffisants les chiffres que nous venons d'indiquer? Nous ne le pensons pas et nous estimons qu'il faut arriver à un régime protecteur sérieux.

Ne pourrait-on faire mieux et revenir à la surtaxe de pavillon? Ce serait peut-être difficile en présence de théories qui, peu à peu, ont fait leur chemin et ont proclamé la liberté des transports, l'égalité des transporteurs, mais il nous semble que des tentatives dans cette voie pourraient être utilement tentées. La loi sur la marine marchande a établi une prime qui prend fin en 1891 ; cette prime a été une satisfaction momentanée donnée à une industrie moribonde, mais elle ne pouvait tenir lieu de cet appui indispensable pour notre flotte de commerce, surtout en présence des protections plus ou moins savamment déguisées que nos concurrents n'hésitent pas à accorder à leurs navires (1). Sans doute, la prime de 1881 a été une disposition sage, mais elle ne pouvait être considérée que comme une mesure transitoire, un moyen d'attendre sans sombrer l'instant où une mesure radicale permettrait de rendre la vitalité à notre marine marchande.

Cette question, au point de vue des colonies, est de la plus haute importance. La marine marchande n'est pas utile surtout par l'appoint qu'elle apporte à la marine militaire ; ce motif, bien souvent mis en avant, n'a, à nos yeux, qu'un intérêt secondaire, la flotte de guerre pouvant aujourd'hui se recruter sans le rouage compliqué et coûteux de l'inscription maritime. Il faut une marine marchande considérable, pour notre commerce d'exportation, pour la prospérité du commerce français dans les colonies. Sans marine marchande, décroissance rapide du commerce d'exportation, disparition des négociants français dans les colonies, — sans commerce d'exportation pas de marine marchande, — ce sont deux termes inséparables de la prospérité nationale.

Et ce que nous disons de la marine marchande s'applique tout spécialement aux lignes de paquebots ; les subventions

(1) L'*act* anglais du 20 août 1853 reconnaît à la Couronne le droit de restreindre les privilèges des navires étrangers, de leur imposer des taxes additionnelles.

accordées par le Parlement pour desservir nos différentes colonies constituant un placement avantageux; il en est de même des sacrifices que l'on fait pour leur assurer des communications de toutes natures, lignes télégraphiques, etc. Ces subventions permettent une réduction de fret pour les marchandises de grande valeur; il serait nécessaire de chercher une mesure du même ordre pour celles qui ne peuvent payer un prix aussi élevé. Peut-être, lorsque la loi sur la prime arrivera à son terme, pourra-t-on utilement la remplacer par des mesures ayant pour but, soit de créer, soit de développer des lignes de navigation régulières entre la France et ses coloniesou les pays étrangers qui comptent des groupements importants de nos compatriotes. Pourquoi n'accorderait-on pas une prime, établie comme aujourd'hui proportionnellement à la distance, mais en la réduisant aux traversées entre la France et un certain nombre de centres commerciaux que le Gouvernement déterminerait? En calculant la prime uniquement d'après l'importance soit en jauge, soit en valeur, des marchandises nationales exportées, on pourrait, tout en maintenant une dépense moyenne de 10 millions au maximum, accorder des primes assez élevées pour développer le débit de nos marchandises. La disparition de la prime pour toutes les traversées entre ports étrangers serait probablement sans inconvénients graves pour notre commerce; il y aurait lieu d'étudier d'ailleurs s'il y a un réel intérêt à conserver une prime pour les traversées de retour dans les ports français. Il semble démontré que la surtaxe de pavillon et une très forte surtaxe d'entrepôt pourraient seules réagir contre l'habitude prise aujourd'hui d'aller nous approvisionner dans les entrepôts étrangers.

Nous avons déjà indiqué que le droit d'établir des tarifs douaniers doit être exclusivement réservé au Parlement métropolitain ; les colonies anglaises font elles-mêmes leurs règlements de douane (1), mais le Parlement s'est réservé le droit de leur rendre applicables des règlements édictés par la métropole (2). Il est vrai qu'il ne paraît pas avoir usé de cette faculté, de telle sorte que les colonies sont en réalité maîtresses de leur régime commercial. Nous ne pouvons en France, alors que nous avons fait et que nous faisons encore tant de sacrifices pour soutenir des établissements dont bon nombre sont financièrement peu prospères, abandonner sans protection nos industries aux caprices ou aux intérêts des assemblées locales.

Le sénatus-consulte de 1854 ne faisait aucune exception pour le régime douanier des colonies autres que les Antilles et la Réunion ; ce régime était, comme toutes les autres mesures applicables à nos établissements, placé sous l'autorité des décrets simples. La loi du 7 mai 1881 a apporté une amélioration à cette situation, amélioration bien timide, car le concours du Conseil d'État à l'élaboration des tarifs douaniers coloniaux ne constitue qu'un simple avis ; le gouverneur peut le laisser de côté, ce qui est indispensable, puisque lui seul est responsable, mais même, ce qui est peut-être moins justifié, sans indiquer que l'avis était ou non conforme à la décision prise. Il y a plus : la loi de 1881 elle-même est oubliée parfois par l'administration coloniale, et l'on a vu un décret du 16 juin 1886 abroger, sans que le Conseil d'État ait été consulté, un décret du 9 janvier 1885, pris en Conseil d'État et relatif aux douanes d'Assinie (3).

(1) *Act* 28 août 1846.

(2) *Act* 25 août 1857.

(3) Le dispositif du décret du 16 juin 1886 porte abrogation de celui du 7 janvier 1885, mais il n'y a à cette date aucun décret relatif à la Côte-d'Or, et, d'ailleurs, les visas du décret indiquent bien qu'il s'agit de celui du 9 janvier.

Depuis, le Parlement a commencé à ressaisir les droits que seul il doit exercer, et, par la loi du 26 février 1887, a réglé lui-même les principes du régime douanier en Indo-Chine ; il a laissé l'application de ces mesures à un règlement d'administration publique qui a dû statuer sur des questions qu'il aurait été peut être préférable de faire trancher par le législateur.

S'il appartient au Parlement de faire les tarifs douaniers, il appartient au pouvoir exécutif d'en surveiller lui-même l'application ; on ne saurait laisser aux autorités locales le droit de régler les détails du fonctionnement du service douanier ; les intérêts locaux, en effet, sont dans trop de cas en opposition avec les perceptions douanières (nous ne parlons pas, bien entendu, de questions personnelles mais des intérêts généraux d'une colonie) pour qu'il soit indispensable de confier la direction de la perception à des agents détachés des douanes métropolitaines et recevant de ce service leurs instructions générales.

Tout en considérant comme indispensable l'extension d'un régime douanier suffisamment protecteur à toutes les colonies, nous ne voudrions pas pour cela que cette extension s'étendît au tarif lui-même. Dans bien des cas, ce tarif serait inapplicable, non seulement dans ses chiffres, mais même dans son mode de calcul. C'est ainsi que les taxes spécifiques, excellentes dans la métropole, peuvent être indispensables dans certaines colonies et complètement inapplicables dans d'autres : s'il n'existe qu'un nombre extrêmement restreint de négociants importateurs, la préemption devient impossible, puisque la douane n'aurait pas d'acheteur pour les objets saisis, et un tarif spécifique est le seul admissible (1) ; mais si le nombre des négociants est

(1) Même dans ce cas le tarif *ad valorem* est, cependant, encore possible

assez élevé pour qu'une concurrence s'établisse entre eux, le tarif *ad valorem* devient possible, et il est de beaucoup préférable à l'autre, en raison des facilités de la perception, de la rapidité des opérations. C'est là la critique principale que l'on peut adresser à l'article 47 de la loi du 16 février 1887 : le tarif général est applicable en Indo-Chine, sauf certaines exceptions à déterminer par un règlement d'administration publique. On en a conclu, et il était difficile de faire autrement, que l'on devait repousser le principe des taxes *ad valorem* qui était réclamé par tout le commerce tonquinois. Ce système, en effet, est en usage en Chine, et les négociants auraient préféré le payement d'un tarif plus élevé que celui qui a été adopté en moyenne (l'élévation du tarif de 10 à 15 0/0), à l'établissement d'un système de perception d'autant plus défectueux que l'on ne pourra guère avoir dans les ports de l'Indo-Chine que des agents des douanes peu expérimentés.

Telle est la critique que l'on peut adresser à la loi ; mais l'interprétation qu'elle a reçue dans le règlement d'administration publique, qui a été publié le 8 septembre 1887, soulève des objections plus sérieuses encore : il pourrait peut-être priver les industriels français des avantages qu'ils étaient en droit d'espérer retirer de cette protection. Sans doute, on ne pourrait accepter la mesure qui a été préconisée de la restriction de la franchise aux seules marchandises fabriquées en France ; outre qu'une pareille constatation serait matériellement impossible en fait, on ne saurait contester ce principe que toute marchandise qui a payé les droits d'introduction soit au tarif général, soit au tarif conventionnel, est francisée et ne peut être traitée autrement

si on possède les moyens de réunir les marchandises sur un même point, en quantités assez considérables pour faire des ventes permettant d'attirer les négociants des colonies étrangères voisines.

que les marchandises françaises (1). Mais là n'est pas, selon nous, la difficulté : lorsque le législateur avait parlé des produits étrangers, il avait incontestablement employé ce terme dans le sens usité en matière de douanes ; il n'avait pas voulu étendre cette faveur aux colonies, et surtout à celles qui n'accordent aucun avantage aux produits métropolitains. Le décret du 8 septembre 1887 paraît établir une différence entre les colonies qui ont un régime douanier analogue à celui de l'Indo-Chine et les autres colonies ; les premières sont placées sur le même pied que la métropole, tandis que les marchandises importées des autres colonies doivent être accompagnées d'un certificat d'origine délivré par les autorités locales. En fait, la situation est exactement la même ; nous nous demandons, d'ailleurs, comment cette attestation pourra être donnée là où n'existe aucun tarif douanier, dans l'Inde par exemple.

La conséquence de cette mesure, c'est que les industriels des Indes anglaises vont chercher à créer sur notre territoire, à Pondichéry, par exemple, des usines où les ouvriers, les matières premières, les capitaux seront anglais, et d'où on exportera les grey-shirts nécessaires à l'Indo-Chine, ou, même sans recourir à cette installation, se contenteront d'importer leurs produits dans nos possessions indéfendables au point de vue douanier, et les exporteront sous notre couvert. Les industriels de Rouen ne pourront guère trouver de ce côté le débouché qu'ils avaient espéré, à juste titre, y obtenir.

L'Indo-Chine constitue une agglomération assez considérable pour qu'on puisse y créer une union douanière ; mais le système adopté paraît présenter de graves défauts.

(1) On peut même ajouter qu'une mesure qui tendrait à restreindre l'emploi de marchandises nationalisées pourrait, jusqu'à un certain point, être considérée comme une atteinte aux engagements internationaux.

On a laissé à chacune des parties constitutives les recettes perçues sur son territoire : c'est là une mesure critiquable au point de vue de l'équité, du moins pendant les premières années, où de nombreuses réexpéditions seront faites de Saïgon vers le Tonquin, une grande partie peut-être après payement des droits ; c'est en outre une mesure impraticable, par ce fait que l'on a admis la possibilité, pour les marchandises, de traverser en transit l'Indo-Chine française, avec restitution, à la sortie, d'une partie considérable des droits perçus à l'entrée (1). Le droit au transit était indispensable au Tonquin, vis-à-vis de la Chine ; nous avons tout intérêt à établir un courant commercial vers le Yunam ou les deux Kuang, et à appeler ces régions à diriger leurs produits vers nos ports d'embarquement ; mais la même nécessité n'existait nullement pour le Laos. Il en résulte que les marchandises étrangères qui pourront remonter vers ce pays par le Mekong auront payé au Trésor de la Cochinchine l'intégralité des droits, et que ce sera le Trésor du Cambodge qui leur en remboursera 80 0/0. Si l'on veut empêcher ce procédé évidemment inacceptable, on est réduit à établir des postes douaniers à la frontière du Cambodge et de la Cochinchine, constatant les marchandises en transit. Ce droit de transit crée encore des difficultés très sérieuses au point de vue des finances cambodgiennes : le riz provenant des provinces lointaines payait autrefois 0 fr. 33 c. les 100 kilos, qu'il fût consommé au Cambodge ou qu'il allât s'embarquer à Campot, à Hatien ou à Saïgon ; il payera dorénavant 0 fr. 35 c., mais tout ce qui passera en Cochinchine pour être exporté ne payera plus que 0 fr. 07.

Nous préférerions de beaucoup voir affecter les recettes des douanes au budget indo-chinois, venant en dégrèvement

____

(1) La restitution s'élève à 80 0/0 du tarif.

des contributions imposées aux différentes parties constitutives ; mais si l'on conserve le régime adopté, il faudra sans doute renoncer aux droits réduits de transit entre l'Indo-Chine et les pays laotiens.

Si nous réclamons pour les produits métropolitains une protection dans les colonies, nous considérons également comme nécessaire que la métropole accorde des avantages aux importations qu'elle en reçoit. On ne saurait sans doute les assimiler aux produits métropolitains : n'ayant pas à supporter les mêmes charges que leurs compatriotes européens, n'étant pas soumis à un régime douanier identique, les producteurs coloniaux ne peuvent réclamer un traitement sur le pied d'égalité(1); mais ils sont en droit d'espérer qu'on leur tiendra compte de leurs efforts en vue de la diffusion des produits de nos manufactures. C'est ainsi que le café, le sucre, le tabac(2), le riz, l'alcool de riz, etc., devraient être soumis à un régime spécial, selon la colonie de laquelle ils sont expédiés ; on ne saurait en effet traiter sur le même pied le sucre de la Réunion où les marchandises françaises sont protégées par un tarif presque égal à notre tarif général des douanes, et celui qu'on pourrait récolter en Nouvelle-Calédonie où il n'existe aucune taxe douanière. On pourrait accorder aux colonies qui, comme la Réunion et l'Indo-Chine, protègent véritablement l'industrie métropolitaine, la remise des trois quarts des droits ; calculer pour les autres cette remise, en tenant compte du rapport entre les produits de leur

(1) C'est ici que s'établit la différence entre les colonies proprement dites et les départements d'outre-mer assimilés.

(2) Il y aurait lieu d'encourager la culture du tabac dans nos colonies en y faisant des achats pour nos manufactures et tout d'abord en y envoyant des inspecteurs pouvant guider dans le choix des terrains et des essences, enseigner les meilleurs procédés de culture, etc.

.douane et le total des droits qui auraient été perçus si on avait appliqué le tarif général (1).

A côté de la douane, les colonies doivent conserver l'octroi de mer ; celui-ci devrait être soumis au régime d'approbation par décrets qui paraît devoir être appliqué à tous les impôts établis par les assemblées locales et qui est d'ailleurs la règle pour les octrois municipaux métropolitains. Ce qui paraîtrait indispensable, c'est de rentrer dans les principes qui ont été depuis trop longtemps oubliés par les colonies. Cet oubli qui a eu de très graves conséquences pour les communes de la Réunion et qui peut en avoir d'aussi graves pour les communes d'autres colonies, quelque inexplicable qu'il puisse paraître, a été le résultat de théories particulières à l'administration des colonies. L'octroi pour elle n'était pas un impôt sur le consommateur, c'était une douane spéciale portant à la fois sur les produits étrangers et sur les produits métropolitains. Nous ne pouvons nier que cette théorie n'ait des résultats avantageux pour les producteurs locaux dispensés de tout payement, alors que l'octroi, né frappant que la consommation, doit porter également sur les objets importés et sur ceux récoltés ou produits dans le lieu sujet; mais la conséquence de cette théorie, qui vient d'être si nettement repoussée par la Cour de cassation et par la Cour de Paris, c'est d'avoir trompé les communes coloniales et de les exposer à de lourdes revendications.

Pour les colonies autres que les Antilles et la Réunion, l'établissement des tarifs d'octroi de mer renfermant cette

(1) Il faudrait évidemment tenir compte dans ce calcul des droits d'octroi de mer qui, portant non pas seulement sur des objets d'alimentation et de construction, mais encore sur toutes les marchandises, peuvent par leur exagération annuler tout l'effet protecteur des tarifs de douane.

clause erronée, était sans danger jusqu'à la loi du 7 mai 1881, des décrets simples pouvant y statuer sur toutes les questions douanières, déléguer même aux conseils généraux le droit de faire les tarifs douaniers. Mais depuis 1881 il n'en est pas de même, et à ce titre les décrets qui ont constitué les conseils généraux de Saint-Pierre-et-Miquelon, de la Nouvelle-Calédonie et de l'Océanie créent un véritable danger pour ces colonies, qui peuvent se croire en droit de voter des tarifs d'octroi de mer sur les objets de toute nature et de toute provenance introduits dans la colonie, sans frapper également les mêmes produits récoltés sur place, alors que ces droits, véritables droits de douane, ne peuvent, aux termes de la loi de 1881, être perçus qu'après approbation par décrets en Conseil d'Etat.

CHAPITRE VI

Régime militaire.

§ 1.

La défense des colonies appartient à la métropole; c'est
là un droit et, en même temps, un devoir imprescriptible de
la souveraineté ; la cession aux pouvoirs locaux d'une part
quelconque de cette attribution doit être considérée comme
un abandon à brève échéance de la souveraineté elle-même.
Les colonies australiennes, le Canada, avec leurs ministres
de la guerre, leurs milices ne relevant plus que par des liens
très ténus de l'autorité de la Reine, s'acheminent rapidement
vers l'indépendance, indépendance précaire, nous l'avons dit,
mais qui ne se fera pas moins au détriment de la puissance
anglaise. Sans doute, il importe de recruter sur place une
partie, parfois considérable, des forces militaires nécessaires
à la garde d'une colonie, mais tout ce qui est armé, même
les forces de police correspondant à notre gendarmerie, doit
relever pour l'organisation, pour le commandement, des

seuls représentants de l'autorité militaire métropolitaine (1). Nous allons plus loin : ces troupes doivent toujours être une fraction de l'armée nationale et non pas constituer une armée spéciale à telle possession, à tel groupe de possessions d'outre-mer. Il ne faudrait pas cependant que cette opinion pût être interprétée comme contraire à l'existence de corps locaux, recrutés sur place, occupant constamment la même colonie ou le même groupe de colonies ; c'est ce qui existe déjà depuis de longues années pour les troupes indigènes de l'Algérie, et pourtant celles-ci n'ont jamais cessé de faire partie de l'armée nationale : elles sont comprises dans la loi des cadres, elles sont soumises à toutes les lois généra'es de l'armée ; leur chef unique, leur chef direct est le ministre de la Guerre.

Il serait évidemment très difficile d'agir exactement de même aux colonies : l'Algérie est, on l'a dit bien souvent, une prolongation du sol national au delà de la Méditerranée ; elle peut être, au point de vue militaire, soumise aux mêmes règles de commandement que la métropole ; le rapprochement, la facilité des communications, font qu'il n'y a rien à craindre de la dualité de direction reçue par les autorités civiles du ministre de l'Intérieur, par les autorités militaires du ministre de la Guerre. Aux colonies, il ne peut en être de même ; il est indispensable, même en admettant

---

(1) Les armées constituées par des colonies ne sont pas sous la main du gouvernement pour les opérations militaires qui peuvent devenir nécessaires : alors que dans les dernières expéditions, les troupes des Indes se sont trouvées immédiatement disponibles, il a fallu traiter avec les gouvernements australiens pour le concours qu'ils pourraient prêter à un débarquement en Égypte. L'utilité des troupes détachées dans les colonies, placées, dans certaines éventualités, plus à portée de l'ennemi, et pouvant au début d'une guerre opérer une diversion, est d'ailleurs un des arguments que l'on peut indiquer pour répondre à l'objection faite à la politique coloniale de priver la métropole d'une certaine quantité de troupes.

une certaine indépendance du commandant militaire vis-à-vis du gouverneur, qu'ils relèvent d'un même chef dans la métropole, qu'un conflit entre eux ne se traduise pas par un conflit entre deux ministres désireux de défendre leurs subordonnés. Les ordres spéciaux à telle colonie déterminée doivent émaner du ministre des Colonies; mais les règlements applicables aux troupes coloniales, le recrutement des troupes, l'avancement, doivent dépendre du ministre de la Guerre. Pour les troupes européennes, c'est ce qui existe déjà aujourd'hui dans la gendarmerie coloniale, dans l'escadron de spahis sénégalais; le fait que ces troupes dépendent du ministre de la Guerre et non du ministre de la Marine n'a jamais compliqué le rôle de l'administration coloniale. Pour les troupes indigènes, il y aurait évidemment quelques modifications à apporter au *modus vivendi* adopté pour les troupes françaises; le ministre des Colonies devrait avoir son action tout au moins dans les questions de recrutement et d'organisation, mais il suffirait pour cela que les décrets relatifs à ces corps fussent contresignés par les deux ministres intéressés.

Il nous paraît donc peu conforme à l'intérêt du pays de constituer, comme on l'a proposé à plusieurs reprises, une armée coloniale, même dépendant du ministre de la Guerre ; ce ne serait sans doute, dans ce cas, qu'une question de mots ; mais, même réduite à ce point, elle ne présente pas moins une réelle importance ; il faut qu'il soit bien entendu que la France et ses colonies forment un tout indivisible ne possédant qu'une armée, l'armée nationale.

Si nous sommes opposé à l'idée de troupes dépendant d'un ministre autre que le ministre de la Guerre — on pourrait mieux dire de la défense nationale, — nous le sommes *a fortiori*, à l'idée souvent préconisée, appliquée à plu-

sieurs reprises en Cochinchine et au Tonquin, de forces indigènes, milices ou autres, constituées par les administrateurs et relevant d'eux. L'unité de direction nécessaire au
sommet, l'est encore plus dans une colonie; on ne saurait
comprendre qu'une opération armée, quelque peu importante
qu'elle fût, pût être confiée à la personne chargée de l'administration d'une province, alors que cette opération peut
avoir parfois des conséquences graves pour la défense de
cette province, pour les troupes chargées de la garder, et le
plus souvent ignorantes des opérations entreprises par les
milices. Ce que l'on peut admettre, ce que l'on doit désirer
dans les colonies, c'est, partout où il peut être utile de placer
à côté des administrateurs une force de police, la constitution
d'une gendarmerie indigène, sous les ordres militaires de
quelques officiers et sous-officiers métropolitains, recevant
de l'autorité civile ou judiciaire des instructions dans les
mêmes conditions que la gendarmerie en France. Le retour
aux anciennes pratiques cochinchinoises qui s'expliquaient
pourtant mieux qu'aujourd'hui aux premiers temps de la conquête, alors que les administrateurs étaient presque tous des
officiers hors cadre ayant l'habitude du métier militaire,
deviendrait un véritable danger aujourd'hui; ce danger s'ac-
croîtrait encore si l'on adoptait le système tenté au Tonquin,
de milices indigènes sous les ordres des administrateurs,
commandées par des officiers et sous-officiers français, les
uns et les autres détachés de l'armée, pourvus de grades
n'ayant aucun rapport avec ceux dont ils sont légalement
investis (1).

(1) La possibilité de détacher, dans de pareilles conditions, des officiers et des
sous-officiers, est en outre des plus discutables au point de vue des lois
métropolitaines (discipline, pensions, décorations).

§ 2.

Les troupes indigènes constituent une ressource précieuse ; elles permettent d'économiser les dépenses considérables qu'entraîne l'entretien au loin de soldats européens et, ce qui vaut plus encore, de diminuer les chances de mortalité, en réduisant les garnisons détachées de la métropole, en permettant surtout de les concentrer sur certains points plus salubres; mais elles offrent l'inconvénient de grouper les indigènes, de leur apprendre l'usage de nos armes, la discipline, de désigner parmi les gradés des chefs possibles pour une insurrection. Il ne faut donc les employer qu'avec de grands ménagements, là où il n'existe pas un sentiment national très développé, dans des conditions telles que leur chiffre ne soit pas trop élevé par rapport à celui des troupes européennes et surtout sans en confier le commandement à des chefs indigènes.

Les Anglais, après les dangers que leur a fait courir la révolte des Cipayes, n'ont pas hésité à réduire dans l'Inde le chiffre des troupes indigènes ; le tableau suivant indique la proportion dans laquelle elles sont entrées à diverses époques dans l'armée des Indes :

	TROUPES indigènes	TROUPES anglaises	TOTAL	PROPORTION des troupes indigènes
1773.	45.000	9.000	54.000	84 0/0
1808.	130.000	25.000	155.000	84 —
1857 (avant la révolte)	235.000	45.000	280.000	84 —
1885.	135.000	65.000	200.000	67 —

Ainsi, tant qu'aucune crainte n'a existé, les troupes indigènes représentaient 84 0/0 de l'armée des Indes ; du jour où on a reconnu — un peu tard — les dangers qu'elles pouvaient présenter, on les a réduites à 67 0/0. Nous ne sommes jamais, en France, arrivés à diminuer nos troupes métropolitaines dans de pareilles conditions. Au Sénégal, les tirailleurs et les spahis n'entrent dans l'effectif que pour un peu plus de 40 0/0, en Cochinchine pour 50 0/0 ; il en était de même au Tonquin et en Annam avant la création du 5ᵉ régiment tonquinois. Il serait peut-être imprudent de dépasser beaucoup cette proportion ; cependant, en tenant compte de la facilité avec laquelle on peut conduire les Indo-Chinois des différentes races, on pourrait la porter à 60 0/0, sans courir encore aucun danger.

Nous possédons d'ailleurs, beaucoup plus que les Anglais, le talent de nous assimiler les troupes indigènes ; au début de nos luttes dans l'Inde, nos adversaires n'avaient pu réussir à en constituer ; c'est lorsque nos cipahis étaient complètement organisés que les Anglais cherchèrent à les imiter et copièrent notre organisation (1). Mais ils ne sont jamais parvenus à les fusionner aussi complètement que nous ; la manière d'être des militaires détachés dans ces corps indigènes a souvent indisposé les natifs, tandis que nos officiers et nos sous-officiers, vivant au milieu des indigènes, savent leur inspirer confiance et, ce qui vaut plus encore, se faire aimer d'eux. C'est ainsi qu'on a formé à l'exemple des tirailleurs algériens, les deux excellents bataillons de tirailleurs sénégalais, qui ont, dans les campagnes du Haut-Fleuve, fait preuve d'un constant dévoûment ; c'est ainsi que les anciens matas de la Basse-Cochinchine, transformés par l'autorité militaire, sont devenus les petits tirail-

(1) A Madras en 1748.

leurs qui ont accompagné toutes les colonnes pendant l'expédition du Tonquin et ont pris une part des plus honorables
à plusieurs combats.

Le mode de recrutement des troupes indigènes est une
question de la plus haute importance : on peut avoir recours
quelquefois à une sorte de conscription; c'est ce qui arrive
par exemple en Cochinchine ; partout ailleurs il faut s'adresser aux engagements volontaires. On a préconisé beaucoup
ceux-ci comme préférables à la conscription; nous ne parta-
geons pas cette opinion, ou, plus exactement, nous pensons
qu'il vaut mieux conserver la conscription là où elle existe
aujourd'hui.

Il est certain que, même en accordant aux soldats indigènes une solde peu considérable, on les place dans une situation notablement plus avantageuse que celle de leurs compatriotes, et, par conséquent, là où n'existe pas le sentiment
national, ce qui est le cas pour la plupart de nos colonies, le
recrutement volontaire est facile. On pourrait même penser
que l'on parvient ainsi à conserver ces hommes plus longtemps sous les drapeaux, ce qui permet de ne pas renouveler
aussi souvent l'instruction militaire et de posséder des troupes plus aguerries ; mais l'expérience a prouvé le contraire ;
en dehors des cipahis de l'Inde, qui ne sont en réalité qu'une
force de police, les rengagements ne sont pas fréquents.
Que ce soit au Sénégal ou en Cochinchine, l'indigène a l'esprit changeant : après deux ou trois ans passés au régiment,
il est fatigué des obligations auxquelles il s'est soumis; parfois il a ramassé un petit pécule qui lui permettra de vivre
un certain temps dans le *far niente*, et il ne se rengage pas.
Il y a plus : si l'engagement primitif était de longue durée, on
ne trouverait probablement pas à assurer le recrutement du
corps.

Mais la question peut être envisagée à un autre point de

vue : sans doute il n'existe ni au Sénégal, ni en Indo-Chine un esprit national; mais cependant il faut dans ce dernier pays prévoir le cas où, peu à peu, sous l'influence d'agents extérieurs, ce sentiment viendrait à naître. Si on avait alors renoncé à la conscription, les troupes indigènes ne se recruteraient plus, elles n'auraient pas besoin d'arriver à une mutinerie comme en 1857 dans l'Inde, mutinerie qu'on finit toujours par écraser ; elles fondraient et disparaîtraient, laissant aux troupes françaises les difficultés d'une occupation sur un territoire considérable; et il ne serait plus possible alors de faire revivre, sans provoquer peut-être une révolte, la conscription à laquelle on ne serait plus habitué.

La conscription fonctionne aisément dans les communes cochinchinoises ; elle s'établira au Tonquin dans des conditions aussi faciles. Partout ailleurs il paraît plus sage, même au Cambodge où les communes ne sont pas constituées, de recourir, comme on le fait aujourd'hui, aux engagements volontaires.

§ 3.

Avant de rechercher les bases de la constitution des troupes destinées à la garde des colonies, il importe de déterminer l'importance des garnisons et en même temps le nombre des unités militaires qui doivent leur être affectées. La première question qui se présente, par suite, est de savoir si l'importance de ces unités, telle qu'elle est fixée aujourd'hui, répond aux exigences du service colonial : nous ne le pensons pas.

Les garnisons sont actuellement formées de compagnies d'infanterie de marine ayant chacune, en moyenne, un effectif de 113 hommes, officiers compris. On a admis, dans la constitution de l'armée, que les compagnies au complet de guerre devaient être de 250 hommes, ce qui permet, après quelques jours d'opérations, de mettre en ligne au moins 200 hommes. Pourquoi ce chiffre ne serait-il pas adopté pour les garnisons coloniales ? Des compagnies de 110 hommes fondent rapidement : en comptant les hommes détachés, les malades à l'hôpital ou à la chambre, on ne parvient pas à mettre en ligne plus de 80 hommes. Et pour ce chiffre on compte 3 officiers et 1 adjudant. Ne vaudrait-il pas mieux porter la compagnie à 250 hommes dont 4 officiers ? On a objecté à cette modification que les compagnies d'infanterie de marine sont très souvent partagées dans différents postes, en groupes peu considérables et qu'il convient de placer des officiers à la tête de chaque détachement, mais c'est précisément cette dissémination des compagnies qui, regrettable au point de vue militaire, au point de vue de la discipline et de l'instruction, doit être combattue comme inutile à la garde des pays à occu-

per. Nous ne connaissons guère que le Sénégal où cette dissémination puisse avoir quelques raisons d'être ; mais déjà
dans cette colonie, un certain nombre de postes sont com-
mandés par des sous-officiers ; on ne ferait que maintenir la
situation actuelle. Le chiffre de 250 hommes serait évidemment un maximum ; pour tenir compte des objections contre une trop grande réduction des officiers, on pourrait peut
être faire varier l'effectif entre 150 et 200 (1), de manière à
constituer des unités complètes tout en réduisant les effectifs actuels.

Cette transformation permettrait de réduire de 20 0/0 environ le nombre des officiers hors de France et de diminuer, par suite, les fatigues imposées aux états-majors des
troupes coloniales. Elle serait facile même dès aujourd'hui,
avec l'organisation de l'artillerie et de l'infanterie ; elle
pourrait être encore complétée de manière à réduire les
fatigues des officiers d'infanterie au moment où ils arrivent
officiers supérieurs et deviennent moins résistants au climat
colonial, en faisant concourir, sans distinction d'arme, aux
postes de commandants supérieurs ou de commandants militaires, tous les officiers généraux, colonels et lieutenants-
colonels d'artillerie ou d'infanterie de marine. Ceci entraînerait nécessairement, ce qui existe dans l'armée de terre, la
constitution d'un état-major général unique, recruté indiffé-
remment dans l'artillerie et dans l'infanterie.

Si on admettait la constitution des compagnies d'infanterie
aux effectifs de 150 à 200 hommes, des batteries d'artillerie
à 120 hommes, sans compter les détachements d'ouvriers, les
garnisons coloniales — auxquelles il convient de joindre,
pour ce cas particulier, les départements d'outre-mer, —
pourraient être composées de la manière suivante :

(1) Dans ce cas il n'y aurait lieu de ne porter le nombre des officiers à 4
que lorsque l'effectif atteindrait au moins 180 hommes.

	INFANTERIE	ARTILLERIE		COMMANDANTS militaires
Martinique....	2 compagnies à 150 hommes.	1/2 batterie.	»	1 Lieutenant-Colonel.
Guadeloupe....	1 compagnie à 150 hommes.	1/2 batterie.	1 compagnie de disciplinaires.	1 Chef de bataillon
St-Pierre-et-Miquelon.	»	»	1/2 compagnie de disciplinaires.	»
Guyane.	3 compagnies à 150 hommes.	1/2 batterie	»	1 Lieutenant-Colonel.
Sénégal......	1 bataillon à 600 hommes.	2 batteries 1/2 compagnie d'ouvriers.	1 escadron de spahis. 1 compagnie de disciplinaires. 2 bataillons de tirailleurs.	1 Colonel.
Gabon	»	»	1 compagnie de tirailleurs.	»
Obock	1/2 compagnie détachée à la Réunion.	»	»	
Réunion	1 bataillon à 600 hommes. dont 1/2 à Obock, 1/2 à Nossi-Bé.	1 batterie.	»	1 Lieutenant-Colonel.
Diego-Suarez et Macagascar. ..	2 compagnies à 150 hommes.	1 batterie.	1 compagnie de disciplinaires.	1 Chef de bataillon.
Nossi-Bé	1/2 compagnie détachée à la Réunion.	»	»	
Mayotte	»	»	»	»
Inde	»	»	1 compagnie de spahis.	»
Indo-Chine	5 bataillons à 800 hommes. 3 bataillons d'infanterie légère d'Afrique à 800 hommes. 3 bataillons étrangers à 800 hommes.	6 batteries. 2 compagnies d'ouvriers.	1 compagnie du génie. 1 compagnie du train. 17 bataillons de troupes indigènes à 900 hommes.	1 Général de division.
Nouvelle-Calédonie	2 bataillons à 600 hommes.	1 batterie.	»	1 Colonel.
Établissements de l'Océanie	1 compagnie à 150 hommes.	1/2 batterie.	»	Chef de bataillon.

Soit, en troupes de France : 9 bataillons et 9 compagnies d'infanterie, 13 batteries d'artillerie, 1 escadron de cavalerie, 1 compagnie du génie, 1 compagnie du train, 2 compagnies 1/2 d'ouvriers d'artillerie (1). Les détachements d'ouvriers d'artillerie dans les départements d'outre-mer et dans les colonies autres que le Sénégal et l'Indo-Chine seraient rattachés aux batteries.

Il y aurait à prévoir en outre : 1° les états-majors ; 3 officiers généraux, 6 colonels ou lieutenants-colonels, 4 chefs de bataillon, 15 officiers subalternes ; 2° les états-majors régimentaires : 4 colonels ou lieutenants-colonels, 5 chefs de bataillon, 10 officiers subalternes ; 3° les états-majors d'artillerie et du génie : 4 officiers supérieurs, 25 officiers subalternes ; 4° les officiers et sous-officiers de troupes indigènes : 7 colonels ou lieutenants-colonels, 19 chefs de bataillon, 260 officiers subalternes, 500 sous-officiers ; 4° les officiers et sous-officiers dans les compagnies de discipline ou du corps des disciplinaires, 16 officiers subalternes, 50 sous-officiers. Soit en ajoutant les officiers des corps de troupe : 3 officiers généraux, 69 officiers supérieurs, 550 officiers subalternes. Nous admettons d'ailleurs qu'il est possible de confier le quart des emplois d'officiers subalternes dans les troupes indigènes à des officiers de réserve ou à des officiers servant au titre étranger, ce qui réduit le chiffre des officiers subalternes de 550 à 480.

Pour assurer le recrutement de tout ce personnel, il y a lieu évidemment de constituer en France ou en Algérie un corps spécial formant les détachements destinés à relever les garnisons coloniales. Ce corps pourrait être composé d'un nombre d'unités égal à celui existant aux colonies, c'est-à-dire une division ou 12 bataillons d'infanterie, 3 bataillons

---

(1) Voir page 97, les détails d'organisation du corps d'occupation de l'Indo-Chine.

d'infanterie légère d'Afrique, 2 régiments d'artillerie à 7 batteries. Il n'y aurait lieu de s'occuper ni de la légion étrangère, ni de la cavalerie ou du génie, ces différents corps pouvant facilement être recrutés par leurs propres ressources.

Le corps d'armée supplémentaire ainsi constitué et composé de la division hors de France, de la division de France et de leurs annexes, devrait avoir évidemment son recrutement spécial. Il paraît inadmissible que les hasards d'un tirage au sort puissent obliger un citoyen à courir les chances d'un séjour colonial, alors que tel autre de ses concitoyens passera dans la métropole ou en Algérie la durée de son service militaire. D'ailleurs, la réduction probable de ce service oblige évidemment à recourir à un mode d'organisation tout spécial ; un soldat ne peut partir avant un an de préparation pour les colonies ; il ne lui resterait que deux ans à y passer, ce qui représenterait des frais de transport inadmissibles. Il faut donc avoir recours aux engagements volontaires : recherchons le chiffre qui serait nécessaire chaque année. En ne nous occupant, comme nous l'avons fait, jusqu'à présent, que de l'infanterie et de l'artillerie, il faut environ 8,000 hommes d'infanterie et 2,000 hommes d'artillerie aux colonies ; en admettant qu'ils y restent 3 ans et qu'il faille compter sur 1/10 de renvois anticipés chaque année, il faut une relève annuelle de 3,000 hommes pour l'infanterie, de 750 hommes pour l'artillerie. C'est là le nombre normal des engagements, et il ne paraît pas difficile de l'atteindre en offrant aux hommes des avantages appréciables. — La durée de l'engagement doit être de cinq ans, pour tenir compte d'une année de préparation au corps, du voyage et du temps du séjour colonial ; elle pourrait être réduite d'un an pour les hommes ayant déjà fait cette période du service dans un autre corps de troupe. Des primes d'engagement et de rengagement devraient être accordées : le droit à une pension de retraite par ancienneté serait acquis après neuf ans de séjour dans les colonies. A leur passage dans la réserve, ces hommes seraient affectés, mais sans renvoi possible aux colonies, à la division de France du corps d'armée colonial.

Quant aux officiers et aux sous-officiers, il est certain que l'effectif de la division de France ne serait pas suffisant avec les cadres ordinaires, pour assurer le recrutement de tout le personnel attaché aux services spéciaux ou aux corps indigènes; il y aurait en effet pour un personnel de 680 officiers environ absents de France, 260 officiers en France (1), c'est-à-dire que ces officiers passeraient à peu près une année en France et 3 ans aux colonies. Ils seraient évidemment dans l'impossibilité de supporter ces fatigues, et, d'autre part, le service de la division de France ne pourrait jamais être assuré, les officiers rentrant des colonies ayant droit en général à 6 mois de congé. Pour remédier à cette situation, deux moyens peuvent être proposés : il faut employer l'un et l'autre : 1° augmentation des cadres de la division de France, chaque compagnie compterait, y compris les officiers en cours de route, 5 officiers (2) au lieu de 4, une augmentation analogue serait faite dans les états-majors; 2° passage dans les autres corps de l'armée des officiers reconnus hors d'état de retourner aux colonies. Cet examen serait fait à chaque retour de campagne.

Les officiers des garnisons coloniales ne devraient être affectés à ce service que sur leur demande; c'est la meilleure assurance d'un bon recrutement et les résultats obtenus dans

---

(1) En admettant que les voyages d'aller et retour augmentent la durée de l'absence de 1/10, les 320 officiers de France devraient être diminués de 60 officiers en voyage, ce qui augmenterait d'autant le chiffre de 620 officiers en service outre-mer.

(2) 2 Capitaines, 3 lieutenants ou sous-lieutenants.

les admirables corps de l'infanterie et de l'artillerie de marine prouvent mieux que toutes les théories, la conséquence de cette organisation. Un officier, quel que soit son grade, pourrait demander à entrer dans le service colonial ; la moitié des vacances de sous-lieutenant, un quart des vacances dan les autres grades jusqu'à celui de commandant inclusivement pourraient être données à ces officiers; toutes les autres vacances appartiendraient aux corps. L'officier s'engagerait à servir, pendant cinq ans au moins, dans l'armée coloniale, signerait ensuite des engagements consécutifs de cinq ans et rentrerait aussitôt son engagement dans les autres corps de l'armée où un quart des vacances lui serait réservé. Tout officier obtiendrait, après trois ans *de séjour* aux colonies, un supplément de solde; les droits à la retraite seraient acquis après neuf ans *passés aux colonies.*

Des avantages semblables seraient accordés aux sous-officiers.

Enfin il serait possible d'assurer à tout militaire qui consentirait à rester dans certaines colonies après avoir terminé son temps de service, des concessions de terre en échange de l'engagement de faire partie d'une sorte de réserve de l'armée active, ou même, si on parvenait à grouper un nombre suffisant de colons de cette nature, d'une milice territoriale possédant ses armes et pouvant servir de centre de résistance en cas de soulèvement. Il existe en Algérie une organisation analogue : les communes sont autorisées à conserver les armes des hommes de l'armée territoriale qui y résident ; on pourrait sans doute prendre dans les colonies des dispositions de même nature, en particulier en Nouvelle-Calédonie où la constitution de ces groupements militaires permettrait de tenir tête aux tentatives de rébellion de la part des Canaques ou d'émeute de la part des libérés.

Il nous reste enfin à parler de la marine. De même que nous considérons comme indispensable le maintien de l'unité de l'armée, du principe d'une armée nationale dont les troupes servant aux colonies sont simplement des corps détachés, de même nous ne pouvons admettre l'existence de marines locales. C'est la marine nationale qui doit assurer la garde par mer et la police fluviale de nos colonies, c'est là une nécessité plus grande encore que pour l'armée, car on conçoit difficilement les navires de croisière, ceux des stations navales n'ayant pas à s'occuper des colonies dans les parages desquelles ils opèrent, les colonies abandonnées et n'ayant pour défense active que quelques navires assez mal entretenus en temps de paix et armés par les ressources locales.

Il faut, sans doute, établir une distinction entre le service extérieur par mer et le service intérieur dans les rivières, service qui n'a sa raison d'être qu'en Indo-Chine ou au Sénégal. Les divisions navales doivent être constituées de telle manière qu'elles aient leur centre de ravitaillement ou de réparation dans les ports fortifiés de nos colonies ; par cela même qu'au retour des croisières elles sont obligées d'y rentrer, venant s'approvisionner, amenant leurs prises, elles se trouvent à portée pour prêter leur concours au cas où la colonie serait menacée d'un débarquement. Leurs armements, leurs magasins doivent rester en dehors de toute action coloniale ; ce sont des territoires métropolitains enclavés, dépendant du ministre de la Marine et non du ministre des Colonies.

Quant aux bateaux qui, en Indo-Chine et au Sénégal, sont nécessaires pour la police des arroyos, pour la surveillance des côtes et même pour la défense des embouchures des rivières, ce sont des auxiliaires de la défense et de la garde du pays, et rien n'empêche de confier le commandement de ce service à un officier de l'état-major de la flotte placé sous les ordres du commandant en chef des troupes (1).

Nous ne saurions trop insister sur la nécessité d'enlever à la marine de guerre toutes les missions locales dont elle tend d'ailleurs à se débarrasser depuis quelques années : c'est au commerce qu'il convient de confier notre service de cabotage, qui était assuré autrefois dans les diverses colonies et qui l'est encore aujourd'hui sur les côtes de la Nouvelle-Calédonie et du Sénégal par de petits navires de l'État. Mais si nous estimons que l'État doit abandonner ce service à l'industrie privée, nous pensons, par contre, qu'il est indispensable pour lui de conserver les transports des hommes rapatriés, malades ou fatigués, ce qui entraîne nécessairement, pour ne pas perdre le bénéfice des traversées d'aller, le maintien entre les mains de l'État de tous les mouvements de troupes entre la métropole et les colonies.

(1) Il sera nécessaire d'avoir promptement en Indo-Chine et au Sénégal des stations de torpilleurs.

CHAPITRE VII

Action des colonies vis-à-vis de la Métropole. — Sénateurs. — Députés. — Délégués. — Électorat.

Le système colonial que nous avons résumé dans les chapitres précédents a pour conséquence le droit pour les citoyens français des colonies d'être représentés dans le Parlement métropolitain. On comprend que, dans les colonies, dotées d'un parlement local, comme la plupart des possessions anglaises, le droit qui leur est ainsi accordé de statuer directement sur un très grand nombre de questions soit incompatible avec celui de prendre part à la direction des affaires de l'empire britannique et qu'on se contente de donner aux colonies la possibilité de nommer des agents accrédités auprès du « Colonial office », chargés de défendre leurs intérêts et en même temps de s'occuper des affaires locales dans la métropole : emprunts, marchés, etc. Mais dans notre système où le droit de légiférer est enlevé aux assemblées locales, où leurs pouvoirs en matière d'impôts, de régime économique, sont strictement limités et ne s'exercent que sous la tutelle de l'autorité centrale, pourquoi ne permettrait-on pas aux citoyens d'outre-mer de prendre part à la gestion des affaires du pays ?

Ce n'est pas d'ailleurs parce qu'ils représentent des intérêts distincts que nous croyons indispensable de leur donner entrée dans le Parlement; il ne nous paraît pas possible d'admettre qu'un député soit élu pour être le porte-parole d'intérêts, de besoins locaux ; ils sont les représentants d'un certain nombre de Français, non pas d'une certaine somme d'intérêts. A ce titre, nos compatriotes d'outre-mer qu'une expatriation n'a nullement privés de leurs droits, qui sont, autant que les métropolitains, exposés aux malheurs d'une politique inconsidérée, aux dangers des aventures parlementaires, doivent avoir leurs représentants au Parlement.

Et ce n'est pas parce qu'ils habitent un sol où flotte le drapeau français, qui est régi par les lois françaises ; ce sol, en ce qui concerne les intérêts généraux, est sous l'action de l'autorité centrale ; en ce qui concerne les intérêts locaux, il a ses représentants locaux, son conseil général ; rien n'oblige à lui donner un représentant attitré dans le Parlement (1). C'est à titre de citoyens intéressés à la prospérité du pays, à sa grandeur, que les Français habitant dans les colonies doivent élire des représentants ; mais ce droit, nous ne le limiterions pas à eux, nous l'étendrions à tous nos compatriotes réunis en nombre suffisant pour pouvoir constituer un groupe électoral. Peu nous importe qu'ils soient à Buenos-Ayres ou à San-Francisco : ils sont toujours attachés à la France, la plupart y reviendront un jour ; ses succès dans ce monde, comme les catastrophes qui peuvent la menacer, ont pour eux un intérêt actuel.

« Quelle devrait être la limite inférieure du nombre de citoyens électeurs nécessaire pour leur permettre de

---

(1) On comprend qu'en Portugal où les colonies forment une partie relativement très importante de la monarchie, elles soient toutes représentées au Parlement, lequel est chargé d'ailleurs de la plus grande partie de a législation coloniale ; elles y ont même une représentation considérable, 12 députés (Loi du 8 mai 1878), mais la situation est toute différente en France.

représentation? Il nous semble que le chiffre de 1,000 serait suffisamment élevé, mais qu'il ne faudrait guère descendre au-dessous pour ne pas trop augmenter le nombre des membres du Parlement représentant de petites circonscriptions électorales. Tout groupement comptant au moins 1,000 électeurs citoyens français élirait un député; tout groupement de 2,000 électeurs, un sénateur ; au delà de ce chiffre, on rentrerait dans les règles générales applicables dans la métropole. Un groupement serait constitué pour une colonie, un protectorat, l'étendue d'un consulat.

Mais il est nécesaire de préciser et d'indiquer nettement que, par cela même que nous n'admettons que la représentation des citoyens et non celle des intérêts locaux, les citoyens seuls peuvent prendre part au vote, être admis en compte dans le calcul des groupements donnant droit à un député ou à un sénateur.

Cette question de l'électorat est une de celles qui présentent le plus grand intérêt aux colonies. Si pour les assemblées locales, conseils municipaux, généraux ou autres, on peut — on doit même — admettre que les indigènes prennent part à l'élection de tout ou partie des membres de ces assemblées, il n'en est nullement de même du Parlement national. Comment, en effet, appeler à prendre part au vote des lois un citoyen qui ne pourra pas y être assujetti? C'est cependant ce qui existe aujourd'hui dans un grand nombre de nos établissements d'outre-mer. Le statut personnel qu'il convient de conserver à ceux qui le réclament, en facilitant d'ailleurs aux indigènes le moyen d'y renoncer pour se soumettre à nos lois, le statut personnel est incompatible avec l'éligibilité, et même avec l'électorat pour le Parlement. Rien n'oblige le natif à se conformer à nos lois, à renoncer à la polygamie, à adopter nos règles successorales ; celui qui ne veut pas faire le sacrifice de ses anciennes habitudes doit néanmoins pouvoir s'occuper, soit par lui-même, soit par ses élus, des questions locales, mais il ne peut réclamer le droit de prendre part à la direction des affaires de la France, de voter les lois auxquelles il se soustrait volontairement.

Ainsi, deux électorats et par suite deux éligibilités aux colonies : d'une part, la représentation au Parlement national réservée aux seuls citoyens français soumis à toutes les lois métropolitaines ; de l'autre, la représentation aux assemblées locales accordée à tous ceux qu'on regarde comme Français aujourd'hui.

Mais qui doit-on considérer comme Français ? La question est bien difficile à résoudre : il y a certaines colonies où l'établissement des listes électorales est laissée, pour beaucoup, à l'appréciation des municipalités ou des administrateurs. Comment constater, en effet, d'une manière un peu sérieuse au Sénégal, que tel indigène qui réclame le droit de vote est simplement né sur un territoire complètement français ? Dans l'Inde on commence à apporter un peu d'ordre dans la constitution de l'état civil, mais il s'écoulera plusieurs années avant que l'on puisse reconnaître bien exactement si les électeurs sont nés sur les aldées françaises ou sur les aldées anglaises. Remarquons d'ailleurs que cette condition de naissance sur le sol français, quand on la réclame, est le maximum de ce qu'on peut demander ; on se garde bien, et pour cause, de réclamer la justification des conditions qui, dans la métropole ou dans les colonies régulièrement constituées, sont indispensables au citoyen français. D'ailleurs, pourquoi accorder aux indigènes de certaines colonies le droit que l'on refuse à d'autres, aux Annamites par exemple ?

Il nous semble que même en ce qui concerne les assemblées locales, il serait nécessaire de prendre certaines mesures de nature à réserver aux seuls individus réellement Français le droit de prendre part au vote ; mais ce sont là des mesures essentiellement variables selon les colonies et qui ne peuvent être, par suite, indiquées dans une étude ayant pour but l'ensemble des règles générales applicables à tous, ou presque tous nos établissements d'outre-mer.

Nous venons d'examiner les questions relatives à la représentation au Parlement, représentation de groupes et non d'intérêts locaux ; mais ceux-ci doivent être également représentés là ou se débattent les questions coloniales, c'est-à-dire dans ce que nous avons appelé l'Assemblée coloniale (Voir page 61). Là, chaque colonie aurait un ou plusieurs délégués, élus soit par les assemblées locales, soit même par le suffrage universel de tous les habitants, citoyens français ou assimilés. Ce serait là le véritable représentant des intérêts locaux. Peut-être n'y aurait-il pas de grands inconvénients à ce que le sénateur ou le député élu par les citoyens français fût en même temps le délégué de la colonie; cependant, il nous semble que d'une manière générale, pour laisser les membres nommés au Parlement en dehors des questions locales intéressant la colonie dans laquelle habitent leurs électeurs, il serait préférable de confier les deux mandats à deux personnalités différentes.

CHAPITRE VIII

Centralisation du service colonial dans la métropole. — Ministère des colonies.

Nous avons déjà eu l'occasion de passer en revue les motifs qui rendent indispensable la création d'un ministère des colonies : leur importance pour l'avenir du pays, la part considérable qu'elles ont prise dans les préoccupations publiques sont telles qu'il faut à la tête de ce service un chef, politiquement responsable devant le Parlement, n'ayant à s'occuper que de nos établissements d'outre-mer, pouvant, dans les conseils du gouvernement, représenter ce point de vue tout spécial de la politique générale du pays. Le Ministre de la Marine chargé — en théorie du moins — de la direction des colonies est en général choisi plutôt en raison de sa compétence maritime qu'en raison de sa compétence coloniale : dans cet ensemble de services qui tendent à se séparer l'un de l'autre, c'est, en effet, le service maritime qui est prédominant et le ministre ne peut s'occuper que d'une manière secondaire des intérêts, si graves pourtant, qui s'agitent autour de l'administration coloniale.

Aussi qu'arrive-t-il? Cette administration de plus en plus autonome existe à côté de l'administration maritime, exposée à des froissements d'autant plus naturels que dans la marine bon nombre d'officiers et de fonctionnaires n'acceptent qu'à contre-cœur cette séparation inévitable depuis que le régime des colonies s'est trouvé radicalement modifié.

A la tête du service des colonies est un fonctionnaire d'ordre administratif ou politique : dans l'un et l'autre cas, la situation est très difficile, plus encore peut-être dans le second. C'est qu'en effet, le Ministre, ne pouvant surveiller que de haut ce service dont il conserve la responsabilité complète vis-à-vis du Parlement, se trouve, dans bien des cas, obligé d'accepter, sans pouvoir les soumettre à un examen suffisant, les propositions qui lui sont soumises, les solutions à donner aux questions si diverses de l'administration coloniale. Ce sont en réalité deux ministères qu'il a entre les mains, deux ministères distincts comme le sont par exemple, la Justice et les Cultes, l'Instruction publique et les Beaux-Arts ; mais avec cette différence que les Cultes ou les Beaux-Arts ne présentent qu'une importance relative très faible par rapport à la Justice ou à l'Instruction publique, alors que les Colonies et la Marine peuvent marcher sur le même pied et que même au point de vue politique pur, les colonies peuvent donner lieu à beaucoup plus de difficultés que la Marine.

L'existence d'un sous-secrétariat d'État, loin de simplifier la situation, la rend au contraire plus compliquée : un fonctionnaire de l'ordre administratif n'a aucune action politique propre : s'il peut recevoir du Ministre une délégation aussi grande que possible pour les questions administratives, il est toujours obligé de recourir à son chef pour les décisions politiques, pour la nomination du haut personnel, par exemple. Le sous-secrétaire d'État, au contraire, homme politique, membre du Parlement, se trouve nécessairement amené à adopter une politique propre : les déclarations qu'il fait à ses collègues sont considérées comme engageant le Cabinet alors qu'il peut ignorer la ligne de conduite adoptée par celui-ci : en effet, ou il faut que le ministre lui communique le résultat de chaque conseil, ou il faut qu'il assiste lui-même au conseil, et alors, en dehors de l'objection d'ordre constitutionnel que l'on peut adresser à l'admission dans le Conseil des ministres, d'une personne non responsable devant le Parlement, on voit se produire ce fait de la présence simultanée du chef responsable et ne dirigeant pas, du subordonné non responsable et dirigeant, tous deux venant débattre sur le pied de l'égalité les questions relatives à leur service.

Cette solution, qui d'ailleurs est difficilement conciliable avec le principe posé par l'article 7 de la constitution (1), est-elle admissible? Nous persistons à ne pas le penser et nous ne voyons qu'un seul moyen de résoudre complètement ces difficultés, c'est la création d'un ministère spécial. Sa raison d'être serait certainement aussi grande que celle qui a fait créer le ministère de l'Agriculture ; le budget qui lui serait confié serait beaucoup plus considérable, d'autant plus qu'il faut y joindre la surveillance des budgets locaux ; le personnel, même en ne tenant compte que des fonctionnaires, serait dix fois plus nombreux. Et d'ailleurs, n'y a-t-il pas à invoquer en faveur de la création d'un ministère spécial dont le chef pourra personnellement discuter au conseil les questions coloniales, ce fait que l'administration qui lui sera confiée n'aura pas à traiter comme tous les autres départements ministériels, un seul ordre, au plus deux ordres de questions? Ne faut-il pas que ce Ministre soit tour à tour Ministre de la Justice, de l'Instruction publique, de l'Intérieur, etc. ; qu'il assure la défense des colonies; qu'il discute avec le Ministre des Affaires étrangères les mille questions de politique extérieure qui se nouent chaque jour aux frontières ou à proximité de nos établissements d'outre-mer?

(1) Loi du 25 février 1875, art. 7. Chacun des actes du Président de la République doit être contresigné par un *ministre*.

Si pourtant et malgré tous ces motifs on n'acceptait pas, en raison du désir de ne pas modifier le nombre ou la distribution des portefeuilles, de l'augmentation nécessaire des dépenses qui en résulterait, la création d'un ministère spécial, il faudrait encore changer l'état de choses actuel, il faudrait avant tout séparer les colonies de la marine, les rattacher à un autre ministère. La rupture successive des liens qui réunissaient les deux services n'a pas été acceptée sans résistance par l'administration maritime : l'autonomie du service colonial est pour beaucoup, aujourd'hui encore, après cinq ans d'efforts, un acte révolutionnaire devant lequel on s'incline mais que l'on voudrait effacer. Tant que le dernier lien actuel, le ministre commun existera, les froissements seront inévitables.

Mais à quel ministère conviendrait-il de faire ce rattachement? S'il était indispensable de le prévoir d'une manière stable, définitive, ce serait aux affaires étrangères qu'il nous paraîtrait préférable d'adjoindre les colonies. On a souvent parlé d'un rattachement au commerce ; une tentative dans ce sens a même été faite sous le ministère Gambetta ; nous ne pensons pas qu'elle aurait réussi. Là, en effet se trouvent des intérêts absolument opposés ; si nous considérons les colonies comme devant servir de débouchés à l'industrie nationale nous n'admettons point qu'on puisse les sacrifier en quoi que ce soit : or, les intérêts des industriels, des commerçants métropolitains sont nécessairement contraires à ceux des colonies et le Ministre du Commerce se trouverait naturellement amené à prendre parti pour ceux qu'il voit le plus souvent, dont il constate chaque jour les besoins. Aux affaires étrangères, au contraire, la direction de la politique coloniale est une fraction importante de la politique générale du pays : le courant qui règne dans ce milieu entraînerait moins que partout ailleurs à faire de l'assimilation à outrance, assimilation dangereuse là où, comme nous l'avons déjà rappelé, il n'existe pas une population exclusivement française.

Nous nous demandons cependant s'il est indispensable que l'administration des colonies soit toujours rattachée au même ministère ; pourquoi ne la confierait-on pas à celui des membres du cabinet qui serait reconnu le plus apte à la diriger ; constituée comme elle l'est aujourd'hui, avec tous ses organes autonomes, elle peut, comme l'administration des cultes, passer d'un Département ministériel dans un autre, sans aucune difficulté.

Qu'il s'agisse d'ailleurs d'un ministère séparé, ou d'une administration dépendant d'un des Départements ministériels actuels, l'organisation intérieure de l'administration des colonies peut être réglée de la même manière. Il nous semble qu'elle pourrait fonctionner dans des conditions satisfaisantes avec un secrétariat général et sept bureaux répartis en trois divisions de la manière suivante (1) :

1re Division. Personnel   Bureau du personnel civil.
                     Bureau du personnel militaire.
2e Division. Administration des colonies.   Indo-Chine.
                     Guyane, Nouvelle-Calédonie, Obock, Services pénitentiaires.
                     Saint-Pierre-et-Miquelon, Sénégal, Gabon, Inde, Diego-Suarez, Mayotte, Nossi-Bé, Océanie.

(1) Cette division suppose d'une part l'assimilation des anciennes colonies, de l'autre la création de l'armée coloniale. Dans le cas où on maintiendrait le fonctionnement actuel, le nombre des bureaux pourrait être encore maintenu à 7, mais avec une nouvelle répartition : le bureau unique du personnel serait rattaché au secrétariat ; la 1re division comprendrait le bureau des colonies assimilables, Martinique, Guadeloupe, Réunion et ses annexes (Diego-Suarez, Mayotte, Nossi-Bé) et le bureau des colonies pénitentiaires, Guyane, Nouvelle-Calédonie, Obock ; la seconde : le bureau de l'Indo-Chine et celui des colonies non rangées dans les classifications précédentes, Saint-Pierre-et-Miquelon, Sénégal, Gabon, Inde, Océanie ; la troisième conserverait la même organisation.

3ᵉ Division. Matériel et
Comptabilité   Bureau du matériel militaire et des approvision-
                        nements.
                   Bureau de la comptabilité et des fonds.

Le principe du classement par colonies qui a prévalu dans l'organisation provisoire en vigueur actuellement ne saurait être trop fermement maintenu. Il y a sans doute quelque inconvénient à obliger trois ou quatre chefs de bureau à étudier les questions si variées d'administration coloniale qui se représentent dans tous les groupes de colonies, mais cet inconvénient est très largement compensé, selon nous, par l'avantage de faire connaître plus particulièrement à chacun l'ensemble des affaires des colonies dont il est chargé. On dirige ainsi, en vue des intérêts, des besoins locaux beaucoup plus qu'en vue de la satisfaction de certaines idées théoriques; on évite le danger dont on a eu grand' peine à se garer, jusqu'à présent, de chercher à tirer d'un moule commun ne s'adaptant en réalité à aucune d'elles, des législations ou des réglementations pouvant s'appliquer à toutes les colonies.

Mais cet avantage, déjà très important, le serait beaucoup plus encore si on cherchait à initier les fonctionnaires de l'administration centrale à la vie coloniale : on ne peut plus adresser à l'administration actuelle des colonies certains des reproches qui jadis ont été portés contre elle : il est incontestable que si on établissait un classement entre les diverses administrations centrales, au point de vue de la somme de travail produit, de la régularité de la besogne, elle s'y trouverait placée à un bon rang relatif ; il ne serait pas possible d'ailleurs de rencontrer une honnêteté, une honorabilité plus complète. Mais on peut lui reprocher ce fait, qu'elle ne connaît pas les colonies, et qu'il est bien difficile de prendre une décision en pareille matière quand, ayant toujours vécu entre la rue Royale et le boulevard, on ignore les difficultés de la vie coloniale. Il faudrait envoyer les commis faire un stage de deux ans dans nos établissements d'outre-mer : sans doute, nous ne prétendons pas qu'après avoir vécu deux ans à la Guyane, on connaisse la Cochinchine, mais on a cependant une notion générale de la vie coloniale ; et d'ailleurs rien n'empêcherait de diviser ce stage en deux périodes passées dans des colonies différentes.

En outre, le classement du personnel dans les bureaux se ferait plus spécialement d'après les connaissances acquises ; nul ne pourrait être nommé commis principal sans avoir fait un séjour effectif d'au moins un an dans les colonies, et sous-chef de bureau, sans compter au moins deux ans de séjour colonial ; il y aurait peut-être même avantage à porter ces deux limites inférieures à dix-huit mois et à trois ans (1). Le personnel détaché aux colonies serait considéré comme en dehors des cadres de l'administration centrale : il serait payé au compte du service où il serait employé, direction de l'intérieur, administration pénitentiaire, etc., et où il viendrait en déduction des cadres.

L'instruction du personnel de l'administration centrale pourrait encore être complétée par des missions dans les colonies. On vient de créer un corps spécial d'inspection chargé du contrôle permanent et de l'inspection mobile ; il est regrettable que l'inspection mobile soit assurée uniquement au moyen de fonctionnaires appartenant à ce corps spécial. Elle devrait être exercée par des fonctionnaires d'un rang très élevé, ayant occupé dans l'adminis-

(1) Il va sans dire que ces mesures ne seraient pas applicables immédiatement au personnel actuel admis dans des conditions différentes et qu'il faudrait prendre des dispositions transitoires.

tration active d'assez hautes fonctions pour que les gou-verneurs eux-mêmes puissent recevoir leurs observations. On pourrait sans doute les faire accompagner par des inspecteurs de carrière, mais ils devraient l'être également par des fonctionnaires de l'administration centrale; en composant chaque mission d'un inspecteur général, d'un inspecteur des finances et d'un sous-chef de bureau, on assurerait le service dans des conditions qui nous paraissent suffisantes, et on ferait connaître à ce dernier fonctionnaire les colonies qu'il est chargé d'administrer.

CHAPITRE IX

Colonisation libre et pénale. — Rôle de l'État.

La colonisation, nous l'avons déjà indiqué, est toute différente dans les colonies d'exploitation et dans les colonies de peuplement : pour les premières, celles dont l'utilité nous paraît nettement indiquée, le rôle de l'Etat est très simple : il lui appartient d'assurer la sécurité de nos négociants, d'ouvrir des débouchés à leur commerce, de leur faciliter par tous les moyens les relations avec les consommateurs et les producteurs de l'intérieur du pays. Il doit encore, tout en laissant le champ libre à l'initiative privée, prêter son concours pour la création de banques, d'établissements de crédit, sans lesquels l'essor du commerce se trouve rapidement arrêté. Il doit enfin, en assurant une protection efficace aux produits des manufactures françaises, donner un avantage à nos compatriotes commerçants, mieux en position que les étrangers d'entrer en relations avec les fabriques métropolitaines. C'est là un rôle assurément important, mais très limité.

L'État peut aussi, et très efficacement, venir en aide à cette colonisation si utile, en accordant des passages à titre gratuit sur ses transports à des ouvriers d'état connaissant parfaitement leur métier et pouvant être employés comme contre-maîtres dans ces colonies. Quant à y travailler de leurs mains, il n'y faut guère compter : la lutte contre la main-d'œuvre indigène est aussi impossible en Indo-Chine, par exemple, que la lutte contre les Chinois pour le petit commerce ; de grands négociants avec des capitaux sérieux, des ouvriers travailleurs et instruits, voilà tout ce que nos colonies d'exploitation peuvent et doivent demander comme colons à la métropole.

Le rôle de l'État est tout différent dans les colonies de peuplement : nous avons déjà exposé (1) que ces sortes de créations n'avaient pas nos préférences, que la population française n'offre pas une densité assez considérable pour qu'il soit nécessaire d'avoir recours à l'expatriation, et s'il fallait arriver à cette ressource pour proportionner les besoins de la population avec les ressources du sol, nous préférerions de beaucoup voir nos compatriotes se diriger vers l'Algérie et la Tunisie. Ils peuvent y trouver encore bien des terres à mettre en valeur, ils y conservent plus d'attaches avec le sol natal, ils sont plus à portée, le jour de la guerre future, de prendre les armes et de coopérer à la lutte pour la patrie. Nous le répétons : la création de colonies de peuplement nous paraît peu désirable.

Si, cependant, en raison de circonstances particulières, on arrivait à reconnaître l'utilité de procurer à certains de nos compatriotes peu heureux les moyens de vivre dans les colonies, il n'y aurait qu'une ligne de conduite à adopter : c'est celle qui a été tracée d'une manière magistrale par M. Étienne, sous-secrétaire d'État aux colonies, dans une lettre adressée le 22 septembre 1887, à M. le président de la Chambre de commerce de Paris (2). Les colonies

(1) Voir page 6.

(2) Cette lettre a été publiée dans le *Journal officiel* du 28 septembre 1887 et dans le *Bulletin* de la Société française de colonisation.

qui sont indiquées dans cet exposé comme se prêtant à la colonisation de peuplement sont la Guyane, la Nouvelle-Calédonie et l'Océanie. Il nous paraît peut-être prématuré d'envoyer des colons à la Guyane avant que les travaux entrepris par la main-d'œuvre pénitentiaire soient assez avancés pour assurer aux agriculteurs des moyens de transport faciles et des centres de population suffisamment assainis ; il n'en est pas de même pour les deux établissements du Pacifique, dont le climat, peu différent du nôtre, se prête mieux qu'aucun autre à l'existence de nos exilés volontaires. L'Océanie est, à ce point de vue, un pays merveilleux, et ainsi que nous l'indiquions plus haut, l'avenir réservé à nos ports de Papeete, de Bora-Bora, de Raiatea par l'ouverture du canal de Panama est de nature à assurer la prospérité des entreprises agricoles que l'on y créera.

Il y a cependant pour Tahiti, pour les Marquises, comme pour la Nouvelle-Calédonie, une objection très sérieuse : ce sont les frais de transport. Un navire à voiles demande actuellement pour transporter un passager à Tahiti 400 fr. environ et la traversée a une durée d'au moins quatre mois. Par l'Amérique on gagne nos possessions en 40 jours, mais le voyage coûte au moins 500 à 600 francs. Dans ces conditions il faut, si l'on tient compte des premières dépenses, de la nécessité de vivre sur ses propres ressources pendant au moins six mois sans avoir recours à des emprunts toujours ruineux, il faut un capital que très peu de nos compatriotes désireux de s'expatrier sont en mesure de réunir. L'État pourra peut-être accorder gratuitement le passage sur ses transports, encore faudra-t-il qu'on lui rembourse les frais de nourriture, c'est-à-dire 220 francs par personne.

Pour faire face à ces dépenses, il y a deux moyens : d'une part, le crédit de 75,000 francs ouvert au budget pour faciliter l'envoi de nos compatriotes dans les colonies ; de l'autre, les ressources de la *Société française de colonisation* (1). Cette société, qui a pour but de faciliter l'établissement aux colonies d'un certain nombre de nos compatriotes, a rendu déjà de très réels services dans cette voie. Sans doute elle ne dispose que de ressources modiques, mais si elle ne peut encore mettre de l'argent à la disposition de nos compatriotes, elle leur donne son concours moral et son appui. Par son intermédiaire, 150 émigrants ont obtenu, en 1885 et 1886, le passage gratuit sur les transports de l'État et la demi-gratuité sur les lignes ferrées, de leur domicile jusqu'au port d'embarquement. Elle possède 1,000 hectares en Nouvelle-Calédonie, 500 hectares à Diego-Suarez, où elle vient d'envoyer quelques colons à titre d'essai ; en Nouvelle-Calédonie elle rencontrera, pour les travaux de défrichement et de viabilité, le concours du service pénitentiaire.

La lettre du sous-secrétaire d'État aux colonies indique, en effet, la possibilité de faire coopérer, pour le peuplement de la Guyane et de la Nouvelle-Calédonie la colonisation libre et la colonisation pénitentiaire. Le concours de celle-ci peut être réclamé à deux points de vue : soit pour la préparation des centres de colonisation et, dans ce cas, il est non seulement utile, mais indispensable ; soit pour le complément de la population et sur ce point, nous craignons beaucoup qu'on ne se fasse de grandes illusions. Même en limitant au quart ou au cinquième la proportion des libérés, nous doutons fort qu'on puisse constituer de cette manière des groupements suffisamment homogènes et présentant des chances sérieuses d'avenir. Évidemment, les libérés seront choisis ; on les aura fait passer par des épreuves permettant de compter sur leur amendement ; mais n'est-il pas à supposer qu'une

(1) Ce crédit qui était de 38,000 francs en 1885 avait été réduit en 1886 en raison de la difficulté de rencontrer des colons ayant quelques chances de réussite ; il a, au contraire, été relevé en 1887.

fois groupés au nombre d'une centaine, au milieu de quatre à cinq cents agriculteurs, honnêtes gens, les instincts mauvais ne se réveillent chez eux et que des désordres de toute nature ne se produisent dans cette agglomération? Le libéré n'est pas, nous le reconnaissons, forcément un homme perdu, mais pour qu'on lui fasse oublier la faute commise et surtout le temps passé au bagne, les connaissances de chaîne, les confidences et les conseils qu'il a reçus d'eux, il faut le dépayser, il faut le noyer dans une masse d'honnêtes gens suffisamment grande. Un ou deux pour cent de libérés dans un village ne constitueraient pas un danger; mais pour arriver à une proportion aussi faible, il faut soit multiplier les villages, augmenter la population libre au delà de ce qu'offriront les ressources du pays, soit diminuer le nombre des libérés.

C'est cette dernière solution qui s'impose tout d'abord en Nouvelle-Calédonie. Il y avait dans cette île, au commencement de 1887, 2,707 libérés, — du moins c'était là le chiffre officiel, notablement supérieur à la réalité, car il comprend non seulement ceux qui se trouvent réellement dans l'île, mais encore tous ceux qui devraient s'y trouver; aux présents viennent s'ajouter les évadés, ceux qui sont morts dans quelque coin de la brousse ou à la mer en essayant de s'échapper. — Sur ces 2,707 hommes, 262 étaient en prison; 959 étaient autorisés spécialement à habiter dans des lieux dont la résidence est interdite en principe, il est facile de les surveiller; les 1,486 restants échappaient à ce moment à tout contrôle (1) la plupart errant à travers les sentiers, exploitant et effrayant les colons ou les quelques libérés qui ont trouvé à s'employer. En évaluant à 1,500 le nombre des libérés qui consentent à travailler, et sur ce nombre à 1,000 celui des

_____

(1) Un décret en voie d'élaboration astreint les libérés à la constatation de leur présence.

individus qui cherchent réellement à se relever, on est évidemment au-dessus de la vérité.

Et pourtant, que faire des transportés quand ils ont terminé leur peine ?

Il faut donc arriver à réduire le nombre des forçats ; un autre motif d'ailleurs conduit à la même conclusion, c'est le peu d'efficacité de cette peine, c'est son déclassement dans l'échelle pénale. Les bagnes des ports de guerre avaient certains inconvénients, mais ils constituaient un moyen de répression énergique ; il n'en est plus de même des travaux forcés. La vie au grand air, avec cette apparence de liberté, est bien plus désirable que le silence et les murs épais des maisons centrales : le régime lui-même, rendu beaucoup moins sévère (1) par le décret du 13 juin 1880, est devenu sans aucun effet au point de vue de la discipline, par la manière dont il a parfois été appliqué. Le relèvement des malheureux condamnés, sans doute, est toujours désirable ; mais c'est là le plus souvent une illusion, et le plus grand nombre des transportés ne voient dans les mesures humanitaires prises à leur égard qu'une sorte d'aveu d'impuissance.

Les tribunaux eux-mêmes ont vu s'émousser, par les grâces prononcées, les armes dont ils pouvaient disposer ; presque en même temps que le décret du 13 juin 1880 affaiblissait la discipline, les gouverneurs perdaient le droit de donner suite aux condamnations capitales. L'effet produit par un châtiment immédiat a disparu. Les commutations de peines se succédaient d'ailleurs avec une telle régularité, que la peine de mort, la seule crainte pour ces hommes condamnés aux travaux forcés à perpétuité, n'a été appliquée

____

(1) Il est évident que ce caractère du décret de 1880 est uniquement relatif, mais vis-à-vis de cette population les moyens énergiques seuls sont efficaces.

depuis cette époque que quatre fois en Nouvelle-Calédonie et une fois à la Guyane (1). Depuis cette transformation de la peine des travaux forcés, les habitants des prisons de France n'ont plus eu qu'un désir : aller à *la Nouvelle;* aussi a-t-il fallu la loi du 25 décembre 1880 pour arrêter les crimes commis dans les maisons centrales en vue d'obtenir la faveur de ce voyage. Les travaux forcés, tels qu'ils existent aujourd'hui, ne sont plus la peine qu'avait voulu créer le législateur.

La réforme ne paraît guère possible : il faut, croyons-nous, y renoncer ou plutôt faire de l'envoi aux colonies pour les grands criminels une faveur, une récompense et non une peine. L'aménagement de quelques prisons centrales, avec un régime plus sévère que celui qui y existe aujourd'hui, permettrait de sévir efficacement contre les récidivistes de crimes; l'envoi aux colonies ne devrait être accordé qu'aux individus condamnés aux travaux forcés sans avoir subi aucune condamnation antérieure, à ces hommes plus souvent coupables d'un moment d'entraînement qu'animés d'une volonté arrêtée de faire le mal, et qu'il n'est pas impossible d'espérer corriger. On pourrait encore, pour les autres, accorder cette faveur de l'envoi aux colonies à ceux qui, après un an ou deux de maison centrale spéciale, auraient donné des marques de repentir et présenteraient quelques chances d'amendement. Dans ces conditions, le nombre des transportés diminuerait, au grand avantage du budget, et on pourrait en outre espérer faire

(1) Pendant cette même période le nombre des condamnations à mort s'est élevé à 114 ; il n'y a eu que 4.5 0/0 d'exécutions. Pendant les quatre années précédentes, alors que les gouverneurs avaient encore le droit de faire exécuter les condamnations capitales, le nombre des condamnations avait été de 38 seulement, mais celui des exécutions de 17, soit de 45 0/0.

profiter les colonies des individus libérés à l'expiration de leur peine.

Mais ce qui importe au moins autant, c'est l'utilisation de la main-d'œuvre pénitentiaire : il ne faut pas, comme on l'a fait trop souvent, conserver ces bras inoccupés dans des bagnes, il faut détacher ce personnel dans le pays en masses assez grandes pour que la surveillance soit efficace, défrichant et surtout créant des routes, ouvrant des canaux. Il est vrai que ce résultat ne peut être obtenu sans dépenser de l'argent, car il est aussi inadmissible de constituer des chantiers de travail sans avoir les moyens d'augmenter la ration, que de conserver les forçats inoccupés. Si on se décidait à restreindre le nombre des transportés, il serait facile de profiter de l'économie réalisée, soit sur la différence entre le prix d'entretien en France et aux colonies, soit sur les frais de voyage, pour augmenter la ration, et par suite, le produit du travail. Si l'on n'envoyait aux colonies que cinq cents hommes par an, en supposant une durée moyenne de dix ans de détention et en tenant compte de la mortalité, on aurait une population de 4,500 transportés sur lesquels on pourrait compter au moins quatre mille travailleurs. Il y a là le moyen d'ouvrir rapidement, en Nouvelle-Calédonie et à la Guyane, les voies nécessaires au commerce et à l'agriculture, d'entreprendre des travaux d'assainissement, de creuser des ports, de bâtir des quais.

Ce sont d'ailleurs les seuls moyens d'action dont on peut disposer pour ces opérations ; on ne saurait, à aucun titre, compter à ce point de vue sur les ressources de la relégation. Les relégués sont astreints au travail, cela est évident, mais ils y sont astreints par ce qu'ils doivent payer à l'État la nourriture que celui-ci leur donne; ils n'offrent pas la force de résistance indispensable pour exécuter de grands travaux, dans des camps détachés, loin de toute agglomération. La différence entre eux et les forçats est des plus remarquables : au dépôt de Saint-Martin-de-Ré, où les uns et les autres se trouvent placés dans des quartiers séparés, on est surpris, quand on passe de l'un des quartiers dans l'autre, du changement d'aspect, de physionomie de ces individus : les uns (les forçats) offrent encore des éclairs de volonté, des ressources de vitalité ; les autres, anémiés, abêtis par de longues années de prison, par les privations de toute nature, ne présentent plus aucune résistance, ils se laissent conduire par la règle pénitentiaire comme ils se laissaient autrefois entraîner par quelques compagnons plus actifs. Il est vrai que cette différence ira en diminuant peu à peu : dans les premiers convois on rencontrait surtout des récidivistes de petites peines, des hommes âgés, des vagabonds, des mendiants dotés de casiers judiciaires enregistrant vingt, quarante ou même soixante condamnations, tandis qu'on commence à y voir apparaître les malfaiteurs habitués des maisons centrales, comptant quatre ou cinq condamnations, la plupart de longue durée et pour des délits dénotant une criminalité bien nettement accusée.

Parmi les douze cents à treize cents relégués que pendant quelques années encore (1) on aura à expédier aux colonies, au grand profit de la métropole, il en est un nombre très restreint qui sont en mesure de rendre des services réels à la colonisation : vingt à trente (2), peut-être, justifieront de ressources suffisantes, de moyens de travail tels qu'ils

---

(1) Il est permis de prévoir une diminution dans ce chiffre à partir de 1890.

(2) En ajoutant à ce chiffre celui des individus qui, après avoir été envoyés en relégation collective, pourront être admis à la relégation individuelle, on n'atteindra pas le nombre de 100 relégués individuels chaque année.

pourront réclamer immédiatement le bénéfice de la relégation individuelle. Cent à cent cinquante, en moyenne, pourront
être versés dans les sections mobiles pour lesquelles il faut
exiger une excellente santé et une bonne conduite. Ce
sont ces sections qui seront appelées à rendre de réels
services dans les colonies, en utilisant dans une sorte
d'organisation militaire, des hommes, la plupart dévoyés
par manque de direction : ils profiteront des facilités qui
leur seront accordées pour chercher des engagements de
travail leur permettant d'être admis à cette liberté restreinte
qui constitue la relégation individuelle.

Quant aux mille ou onze cents individus (1) qui constituent le fond de la relégation, il ne faut pas espérer en tirer
grand profit : la plupart seront des non-valeurs qui ne travailleront que juste ce qui leur sera nécessaire pour vivre ;
beaucoup même ne travailleront pas, il faudra néanmoins
les nourrir. Cela n'est pas cependant un motif pour renoncer
à la loi de 1885 ; il est encore plus avantageux de les entre-
tenir dans ces conditions loin de France que de les laisser
vagabonder dans le pays : la charge, au lieu d'être supportée
par les habitants individuellement, est supportée par le
budget, et dans des conditions de sécurité et de tranquillité
que le pays n'aurait jamais pu atteindre sans cette loi de
préservation sociale. Mais il faut bien se persuader qu'au
point de vue de la colonisation, elle n'offrira jamais que des
ressources très restreintes.

(1) Dans ce nombre il faut compter au moins une centaine de femmes.

⁎ ⁎ ⁎

L'un des écrivains anglais qui se sont le plus particulièrement occupés des questions coloniales, Seeley, fait remarquer que « toute union politique n'existe que pour l'avantage
« de ses membres, et elle doit être assez grande et ne pas
« être plus grande qu'il ne faut, pour leur être toujours avan-
« tageuse » (1). L'union politique constituée par la France,
par ses prolongements au delà de la Méditerranée, et par ses
colonies, n'est-elle pas assez grande? N'a-t-elle pas atteint cette
limite au delà de laquelle le pays cesserait d'en tirer un réel
profit? Nous répondrions négativement si, dans le partage du
monde auquel les nations européennes se livrent avec une
ardeur toute nouvelle, la possession des territoires réellement utiles pouvait être acquise sans sacrifices considérables. Telle n'est plus aujourd'hui la situation, et nul ne pourrait contester qu'une annexion nouvelle importante ne fût de
nature à entraîner une lutte, non seulement dans le pays
même à occuper, mais peut-être plus près de nous, contre
quelqu'un de ces états qui aspirent, eux aussi, à la création
ou à la conservation d'un empire colonial. Il faut choisir,
on l'a dit bien souvent, entre une politique de conquête et une
politique d'expansion coloniale. Sans doute, la France n'a

(1) Seeley. L'expansion de l'Angleterre. Traduction de M. Baille et A. Ram-
baud, p. 350.

nul désir de s'étendre au delà des frontières qui lui appartiennent; mais, pour occuper en Europe et dans le bassin de la Méditerranée la place qui est sienne, il faut qu'elle dispose de toutes ses ressources. Il ne suffit même pas de ne point vouloir de conquête, il faudrait encore être sûr qu'on n'aura pas à se défendre contre un semblable désir de ceux qui voudraient nous rayer de la carte du monde.

Or, tout sacrifice nouveau d'hommes ou d'argent pourrait aujourd'hui être une atteinte portée à ces ressources, que nous devons accumuler pour l'heure où la lutte éclatera. Notre empire colonial actuel n'est pas de nature à nous créer, à ce point de vue, un impedimentum; les 10,000 hommes de troupes que nous y devons conserver n'ouvrent pas aux frontières une brèche dangereuse; le 30 à 40 millions que nous y dépensons chaque année sont compensés par les débouchés ouverts au commerce; mais, nous l'avons dit, il est temps de nous arrêter : aller plus loin serait peut-être un danger.

Notre action coloniale étant ainsi limitée, il est indispensable de la consolider, en donnant à chacun de nos établissements d'outre-mer l'organisation la meilleure pour qu'ils puissent se développer, prendre tout l'essor que leur assurent les puissants éléments de succès qu'ils renferment. Il faut encore, et c'est là le point essentiel, que les colonies ne soient pas un objet de luxe, qu'elles constituent, au contraire, une cause de prospérité pour la métropole, en ouvrant des débouchés à nos industries et à notre commerce. C'est là le but que l'on doit toujours avoir en vue; les autres considérations sont, à nos yeux, secondaires.

Il faut aussi que cette organisation, tout en sauvegardant les intérêts locaux de nos concitoyens d'outre-mer et des sujets français, soit telle qu'elle ne sacrifie en rien les droits primordiaux de la métropole; que l'on abandonne toute idée d'autonomie et de fédération pour revenir au principe fondamental de notre existence nationale, principe aussi vrai pour les colonies que pour la métropole : la République une et indivisible.

Il faut, enfin, que cette organisation soit économique, qu'elle ne crée pas pour le budget une cause de dépenses hors de proportion avec les résultats que l'on peut en attendre.

Ce sont là les principes qui nous ont guidé, dans l'exposé que nous venons de faire des réformes qu'il nous paraîtrait utile d'apporter, soit à la constitution, soit à l'organisation de nos colonies. Persuadé que des propositions de cette nature ne peuvent être utilement discutées que si elles sont présentées sous une forme précise, nous avons essayé de les résumer en quatre textes qui sont la conclusion de ces notes. Nous ne nous dissimulons pas que ces avant-projets peuvent soulever de grosses objections, et de fond et de forme : nous ne leur attribuons d'autre valeur que celle que l'on peut donner à des éléments de discussion.

Paul DISLÈRE.

1er Décembre 1887.

ANNEXES

ANNEXE N° 1

Avant projet d'organisation des départements de la Martinique, de la Guadeloupe et de la Réunion (1)

Article premier

Les colonies de la Martinique, de la Guadeloupe et de la Réunion seront dès le .... assimilées à la Métropole et formeront trois départements.

Toutes les lois métropolitaines y seront immédiatement applicables sous les réserves suivantes.

Art. 2.

Chaque département nomme deux sénateurs et trois députés.

Art. 3.

Il n'est pas constitué d'arrondissement administratif.

Le nombre des conseillers généraux et leur répartition entre les différents cantons restent provisoirement les mêmes qu'aujourd'hui.

Art. 4.

Le préfet est assisté d'un secrétaire général.

En cas d'absence ou d'empêchement, le préfet est remplacé par le secrétaire général. Un décret du Président de la République désigne d'avance le citoyen qui, en cas d'empêchement du secrétaire général titulaire, doit exercer les fonctions de préfet.

(1) Cet avant-projet comprend les trois anciennes colonies ; il serait facile de supprimer, dans une première loi, tout ce qui se rapporte à la Réunion, qui n'a pas demandé à bénéficier de l'assimilation.

Art. 5.

Les préfets conservent les attributions actuelles des gouverneurs en ce qui concerne : 1° la déclaration et la cessation de l'état de siège ; 2° les pouvoirs de haute police ; 3° les dispenses en matière de mariage; 4° les pouvoirs spéciaux conférés par les articles 43, 46, 86 de la loi municipale.

Ils ont le droit de correspondre directement avec les gouvernements et les autorités locales étrangers dans les conditions prévues par les ordonnances des 9 février 1827 et 27 août 1828, et par les conventions d'extradition.

Art. 6.

Lorsque les communications télégraphiques sont interrompues avec la métropole, le préfet peut prononcer la suspension pendant trois mois du commandant militaire, des magistrats, ainsi que des fonctionnaires qui ne sont pas nommés par lui. Quand il s'agit du commandant militaire, de chefs de service ou de magistrats, le renvoi en France est de droit lorsqu'ils en font la demande.

Art. 7.

Le commandant militaire règle l'emplacement des troupes conformément aux instructions ministérielles dont il donne connaissance au préfet; toutefois lorsque le préfet estime que la sûreté intérieure de la colonie est menacée, il peut requérir du commandant militaire le déplacement de troupes qu'il juge nécessaire.

Il en est rendu compte immédiatement au gouvernement.

Art. 8.

Le préfet peut requérir les commandants des divisions navales ou des navires isolés, lorsqu'ils ne sont pas porteurs d'instructions contraires, de prêter leur concours à la défense du département ou de remplir une mission qu'il jugerait nécessaire.

Art. 9.

La procédure du contentieux administratif reste réglée par le décret du 5 août 1881, le secrétaire général remplissant les fonctions de commissaire du gouvernement.

Art. 10.

Le département de la marine reste chargé, jusqu'à l'organisation de troupes spéciales affectées aux garnisons d'outre-mer, de la garde et de la défense de la Martinique, de la Guadeloupe et de la Réunion.

Art. 11.

Les jeunes soldats appartenant à la première partie du contingent font leur service dans les armées de terre et de mer, conformément aux règles en vigueur pour la métropole.

Ceux de la seconde portion sont versés dans l'artillerie et l'infanterie de marine.

Les réservistes sont affectés à l'artillerie ou à l'infanterie de marine.

Il est créé dans chaque département deux bataillons d'infanterie territoriale et deux batteries d'artillerie territoriale.

Les fonctions de commandant militaire sont remplies par un officier supérieur d'artillerie ou d'infanterie de marine.

Art. 12.

Les Cours d'appel de Fort-de-France et de Saint-Denis sont maintenues; le ressort de la Cour d'appel de Fort-de-France comprend la Martinique et la Guadeloupe; celui de la Cour d'appel de Saint-Denis, la Réunion.

La composition de la Cour d'appel de Fort-de-France est celle prévue pour la Cour d'appel de Chambéry par le tableau A, annexé à la loi du 30 août 1883.

La Cour de Saint-Denis reste provisoirement composée ainsi qu'elle l'est aujourd'hui. Le président est investi des pouvoirs des premiers présidents des cours métropolitaines. Il n'est rien modifié aux règles fixant le nombre des conseillers nécessaires pour rendre les arrêts.

Des décrets rendus dans la forme des règlements d'administration publique peuvent rattacher à ces cours d'appel les ressorts judiciaires de certaines colonies.

Art. 13.

Les tribunaux de 1re instance et les justices de paix à compétence étendue actuellement existants conservent leur composition et leur compétence. Toutefois l'organisation judiciaire de Saint-Martin et de Saint-Barthélemy sera appliquée à Marie-Galante.

Le pourvoi en cassation n'est pas ouvert contre les jugements des tribunaux de paix ou de simple police et contre les jugements sur appel des tribunaux de première instance. Les cours d'appel continueront à connaître des requêtes en annulation de ces jugements, conformément aux règles en vigueur actuellement.

Art. 14.

Les assises se tiendront tous les trois mois, à Fort-de-France, à la Pointe-à-Pitre et à Saint-Denis.

Art. 15.

La curatelle aux successions et biens vacants reste réglée conformément aux décrets des 27 janvier 1851 et 21 janvier 1882.

Art. 16.

Les tarifs de douanes métropolitaines sont applicables ;

Les produits des nouveaux départements arrivant dans les ports métropolitains sans avoir passé par les entrepôts étrangers, sont exempts de tout droit.

Des tarifs d'octroi de mer, portant également sur les objets imposés ou récoltés dans les départements, peuvent être votés par le conseil général ; ils sont approuvés par décrets rendus en Conseil d'État. Le préfet peut les rendre provisoirement exécutoires pour une durée d'un an. La perception de l'octroi est faite par les employés des douanes et des contributions indirectes, moyennant une contribution de ..... 0/0 au profit de l'État.

Après prélèvement de cette contribution, le produit de l'octroi de mer est distribué entre les communes au prorata de leur population.

Art. 17.

Les dépenses de l'instruction primaire resteront jusqu'au ..... à la charge des nouvaux départements.

Art. 18.

Jusqu'à cette même date les impôts suivants ne seront pas établis au profit du Trésor public :

Contribution foncière, propriétés bâties ou non bâties.

Contribution des portes et fenêtres.

Contribution sur les voitures, chevaux, mules et mulets.

Taxes sur les billards, cercles, etc.

Taxe de consommation sur les sels.

Droit sur les huiles minérales.

Droit d'entrée sur les huiles autres que les huiles minérales.

Droit sur la stéarine et les bougies.

Impôt sur les vinaigres et l'acide acétique.

Tabacs.

Cartes à jouer.

Allumettes.

Chaque département versera pendant cette période transitoire, au Trésor métropolitain, une contribution annuelle fixée à ..... pour la Martinique, à..... pour la Guadeloupe à ..... pour la Réunion.

Art. 19.

Les conseils généraux conserveront pendant la période transitoire le droit de régler l'assiette des contributions et taxes non perçues au profit du Trésor. Leurs délibérations sur ce point seront approuvées par décrets en forme de règlement d'administration publique.

Art. 20.

Sont maintenues les dispositions actuellement en vigueur concernant le régime des eaux ainsi que celles relatives à la zône dite des cinquante pas géométriques.

Le domaine public de l'État comprend, en dehors de ce qui le constitue dans la métropole, les cours d'eau et la zône des cinquante pas géométriques.

Les départements feront remise au domaine privé de l'État des bâtiments affectés aux services que la présente loi rattache à l'administration métropolitaine.

Art. 21.

Il est créé deux académies, l'une à la Basse-Terre, comprenant les départements de la Martinique et de la Guadeloupe, l'autre à Saint-Denis, comprenant le département de la Réunion. Celle-ci est dirigée par un inspecteur d'académie qui prend le titre de vice-recteur.

Art. 22.

Les prescriptions de l'édit de juin 1776 sont maintenues en ce qui concerne l'obligation du dépôt aux archives coloniales, des actes de l'état civil et des actes des notaires des départements de la Martinique, de la Guadeloupe et de la Réunion.

Art. 23.

La loi du 29 janvier 1881 est applicable aux navires armés ou construits dans les nouveaux départements.

La navigation au cabotage colonial ne donne pas droit, pour les navires armés dans ces départements, au payement de la prime à la navigation.

Art. 24.

Les privilèges accordés à la Banque de France ne s'exerceront dans les départements de la Martinique, de la Guadeloupe et de la Réunion, qu'à l'expiration du privilège accordé aux banques locales par la loi du 24 juin 1874. Ces banques continueront à être régies par les actes qui leur sont actuellement applicables.

Art. 25.

Le privilège accordé à la Société du Crédit Foncier colonial jusqu'au 31 août 1903, par l'article 8 du décret du 31 août 1863, est maintenu.

Art. 26.

L'île de Sainte-Marie de Madagascar est détachée de la Réunion, et rattachée à la colonie de Diego-Suarez.

Art. 27.

Des règlements d'administration publique statueront sur les détails d'application de la présente loi, notamment en ce qui concerne la situation au point de vue des emplois et des pensions, des fonctionnaires de tout ordre actuellement en service à la Martinique, à la Guadeloupe et à la Réunion.

Art. 28.

Sont abrogés les articles 1 à 17 du sénatus-consulte du 3 mai 1854, le sénatus-consulte du 4 juillet 1866, et généralement tous les actes antérieurs contraires aux dispositions de la présente loi.

ANNEXE N° 2

Avant-projet de constitution coloniale.

ARTICLE PREMIER.

Les lois relatives au régime militaire, aux droits politiques, au régime électoral et aux attributions des assemblées locales des colonies sont soumises aux mêmes règles que la législation métropolitaine. Il en est de même des lois engageant le concours financier de l'État.

ART. 2.

En toute autre matière, le pouvoir législatif est exercé sous les réserves suivantes par une assemblée coloniale élue pour trois ans et composée de :

... Sénateurs élus par le Sénat.

... Députés élus par la Chambre des députés.

... Délégués élus par les conseils généraux ou les conseils locaux des colonies dans les proportions suivantes : ....

Les conditions d'éligibilité des délégués sont les mêmes que pour les députés. L'assemblée coloniale est juge de l'éligibilité des délégués et de la régularité de leur élection; elle seule peut recevoir leur démission.

En cas de renouvellement du Sénat et de la Chambre des députés, les membres du Parlement non réélus sont remplacés pour la durée restant à courir de leurs fonctions.

Art. 3.

L'assemblée coloniale fait son règlement et élit son bureau. Ses séances ne sont pas publiques ; ses sessions ont la même durée que celles des Chambres.

Elle peut être dissoute par le Président de la République, sur l'avis conforme du Sénat. En ce cas, les collèges électoraux des colonies sont convoqués dans un délai de deux mois; le Sénat et la Chambre des députés procèdent dans le même délai à l'élection de leurs nouveaux représentants.

Art. 4.

Les mesures législatives prises par l'Assemblée coloniale portent le titre d'actes coloniaux. L'initiative des actes coloniaux appartient au Président de la République ainsi qu'aux membres de l'assemblée coloniale. Le Président de la République promulgue les actes coloniaux dans le mois qui suit leur transmission au gouvernement. Toutefois il peut refuser cette promulgation en déférant dans ce délai au Parlement l'acte voté par l'Assemblée coloniale. Il est procédé à l'égard de cet acte comme à celui des projets de loi présentés par le gouvernement. Les actes coloniaux de nature à engager le concours financier de l'État, sont toujours déférés au Parlement. Malgré la transformation en lois d'actes coloniaux déférés au Parlement, l'Assemblée coloniale conserve sa compétence pour les amender postérieurement.

Art. 5.

Les projets de loi à soumettre au Parlement, en exécution de l'art. 1er, sont, sauf le budget, soumis préalablement à l'Assemblée coloniale, qui est appelée à émettre un avis. Le Sénat et la Chambre des députés peuvent réclamer cet avis sur les propositions de lois émanant de l'initiative parlementaire et relatives aux colonies.

Art. 6.

Le ministre des colonies a entrée à l'Assemblée coloniale et doit être entendu quand il le demande. Il peut se faire assister par des conseillers d'État désignés par décret du Président de la République.

Art. 7.

Des décrets rendus dans la forme des règlements d'administration publique statuent soit pour régler les matières d'administration et pour l'exécution des actes coloniaux, soit pour approuver les délibérations des conseils généraux portant réglementation. Ces décrets peuvent édicter des sanctions pénales s'élevant à trois mois de prison et à 1000 francs d'amende au maximum.

Les gouverneurs peuvent prendre, dans les mêmes conditions, des arrêtés et décisions et les sanctionner par quinze jours de prison et 100 francs d'amende au maximum. Dans ce cas, lorsque les peines pécuniaires ou corporelles excèdent celles de droit commun en matière de contraventions, les règlements dans lesquels elles sont prévues doivent, dans un délai d'un an, passé lequel ils sont caducs, être convertis en décrets en forme de règlements d'administration publique.

Art. 8.

Tant qu'il n'aura pas été statué par des lois et des actes coloniaux, le Président de la République conserve, sauf en ce qui concerne les matières indiquées à l'article 1er, le droit de régler par décrets la législation coloniale dans les conditions prévues par l'article précédent. Les gouverneurs pourront prendre, en conformité des lois et décrets promulgués dans les colonies, des arrêtés réglementaires qui devront être soumis à l'approbation du Président de la République dans le délai d'un an, passé lequel ils deviendront caducs. Cette approbation devra être donnée par décret rendu en Conseil d'État.

Art. 9.

L'État assure dans toutes les colonies les services suivants : Gouvernement — Garde et défense — Justice — Service pénitentiaire — Trésor public — Contrôle.

Les dépenses de ces services sont portées au budget de l'État.

Art. 10.

Toutes les dépenses autres que celles indiquées à l'article précédent sont supportées par les colonies elles-mêmes ; celles-ci peuvent recevoir une subvention de l'État ou lui payer une contribution. Le montant de ces subventions et contributions est fixé pour l'année suivante par un article de la loi de finances.

Art. 11.

Les budgets locaux sont votés par les conseils généraux. Les règlements relatifs à l'assiette et au mode de perception des impôts doivent être approuvés par décrets rendus en Conseil d'État ; les gouverneurs peuvent rendre ces règlements provisoirement exécutoires pendant un an ; après cette période, si un décret n'est pas intervenu, les règlements deviennent caducs.

L'octroi de mer, frappant également les produits importés et les productions locales, est soumis aux mêmes règles que les autres impôts.

En ce qui concerne le régime douanier, les conseils généraux émettent des avis ; les tarifs sont votés par le Parlement, les règles de perception arrêtées par décrets en forme de règlement d'administration publique.

Art. 12.

Le domaine public de l'État comprend aux colonies : 1° les citadelles, batteries et fortifications de toute nature ; 2° les ports maritimes et les chemins de fer construits avec une subvention ou une garantie de l'État, 3° les eaux et la zône des cinquante pas géométriques, dans les colonies où elles ne sont pas susceptibles de propriété privée.

Le domaine privé comprend : 1° les bâtiments affectés aux différents services de l'État ; 2° les propriétés domaniales appartenant à l'État au jour de la promulgation de la présente loi ou qui pourraient être ultérieurement acquises par lui.

Les produits du domaine public ou du domaine privé sont perçus pour le compte de l'État par le service des domaines de chaque colonie. Les produits du domaine privé constituent un article du budget sur ressources spéciales ; ils sont spécialement affectés à faciliter l'immigration dans la colonie où ils ont été perçus.

ANNEXE N° 3

Avant-projet d'organisation de l'Indo-Chine.

Article premier.

L'administration supérieure de la colonie de la Cochinchine et du protectorat du Tonquin, de l'Annam et du Cambodge, est confiée à un gouverneur général de l'Indo-Chine résidant à Saïgon. Le gouverneur exerce les pouvoirs conférés aux résidents généraux par les traités du protectorat.

Art. 2.

Les services de souveraineté payés par le budget indo-chinois sont les suivants :

Services militaires, garde et défense du pays. Troupes françaises et indigènes. Fortifications. Services martimes. Surveillance des rivières. Défense des ports.

Administration générale (Gouvernement général. — Résidences. — Secrétariat général et services extérieurs en Cochinchine).

Police générale.

Justice.

Service pénitentiaire.

Postes et télégraphes.

Douanes.

L'arsenal de Saïgon et ses annexes ainsi que les autres établissements maritimes qu'il y aura lieu d'établir en Indo-Chine dépendent de la marine et sont entretenus par elle.

Art. 3.

Les services de souveraineté sont administrés par cinq chefs d'administration.

Le commandant en chef des troupes.

Le commandant de la marine.

Le secrétaire général chargé du personnel de l'administration générale, de la police générale, des postes et télégraphes.

Le chef du service judiciaire chargé de l'administration pénitentiaire.

Le directeur des douanes et régies.

Un trésorier-payeur est chargé, sous les ordres immédiats du gouverneur général, de la direction du Trésor pour les services indo-chinois ; il peut être chargé du service du Trésor pour la Cochinchine et les pays de protectorat.

Art. 4.

Le lieutenant-gouverneur exerce en Cochinchine, sous l'autorité du gouverneur général, les fonctions d'un gouverneur de colonie, sauf en ce qui concerne les services de souveraineté, qui relèvent directement de leurs chefs d'administration.

Des résidents supérieurs à Pnompenh, Hué et Hanoï, exercent, sous la même réserve, les attributions confiées antérieurement au résident général du Cambodge et aux résidents supérieurs en Annam et au Tonquin.

Art. 5.

Il est institué un conseil supérieur de l'Indo-Chine, composé, sous la présidence du gouverneur général, des cinq chefs d'administration, du lieutenant-gouverneur et des résidents supérieurs.

Art. 6.

Le budget de l'Indo-Chine comprend : en dépenses les frais des services de souveraineté, en recettes, les produits des douanes et des postes et télégraphes, les contributions de la Cochinchine et des pays de protectorat, et, s'il y a lieu, les subventions métropolitaines.

Le budget préparé par le gouverneur général et délibéré par le conseil supérieur est soumis au Parlement avec les modifications arrêtées par les ministres des finances et des colonies, comme budget annexe du budget de l'État.

Les emprunts de l'Indo-Chine sont autorisés par une loi.

Les comptes sont soumis à l'approbation du Parlement.

Art. 7.

L'organisation de l'Indo-Chine, la législation en matière civile et pénale, les tarifs douaniers, sont réglés par des lois. Toutefois, jusqu'à ce qu'il ait été statué sur ces différentes matières par le Parlement, il y sera pourvu par des décrets dans la forme des règlements d'administration publique.

Il n'est rien modifié au régime actuel dans les matières qui n'intéressent pas l'ensemble de l'Indo-Chine, et ne sont applicables qu'à la Cochinchine ou à un des pays du protectorat.

ANNEXE N° 4

Avant-projet d'organisation du service des garnisons hors du territoire continental et de l'Algérie.

ARTICLE PREMIER.

La garde et la défense des départements de la Martinique, de la Guadeloupe, des colonies et des possessions sont assurées par le 20e corps d'armée, par des détachements de troupes d'infanterie, de cavalerie, du génie, de gendarmerie et d'administration et enfin par des troupes indigènes.

ART. 2.

Le 20e corps d'armée comprend deux divisions d'infanterie dont une aux colonies et une en France.

Deux régiments d'artillerie.

Un dépôt de gendarmerie.

La division d'infanterie stationnée aux colonies est composée de 9 bataillons et de 11 compagnies détachées.

La division d'infanterie stationnée dans la métropole est composée de 4 régiments à 3 bataillons.

Les régiments d'artillerie comptent : le premier 8 batteries aux colonies et 8 batteries en France, le second 6 batteries et 2 compagnies 1/2 d'ouvriers aux colonies, 8 batteries et 1 compagnie d'ouvriers en France.

ART. 3.

Les détachements fournis par les différents corps de l'armée sont les suivants :

3 bataillons d'infanterie légère d'Afrique correspondant chacun à un des bataillons d'Afrique.

1 régiment étranger fourni par les régiments étrangers.

1 escadron de spahis fourni par les différents régiments de cavalerie.

1 compagnie du génie fournie par les différents régiments du génie.

13 détachements de gendarmerie constituant la gendarmerie coloniale.

Des détachements d'infirmiers, d'ouvriers d'administration et de secrétaires d'état-major et de l'intendance recrutés dans les corps de France.

<h3 style="text-align:center">Art. 4.</h3>

La composition des différents corps et détachements est fixée par les tableaux annexés à la présente loi.

<h3 style="text-align:center">Art. 5.</h3>

Les troupes indigènes sont constituées par décret. Les officiers et sous-officiers sont détachés de l'armée métropolitaine. Toutefois un quart des emplois d'officiers subalternes peuvent être confiés à des officiers de réserve ou des officiers servant au titre étranger ; un quart des emplois de sous-officiers peuvent être confiés à des étrangers.

<h3 style="text-align:center">Art. 6. .</h3>

Les troupes du 20e corps d'armée et les détachements envoyés aux colonies sont recrutés exclusivement, sauf en ce qui concerne les bataillons d'infanterie légère d'Afrique et le régiment étranger, par la voie de l'engagement volontaire.

<h3 style="text-align:center">Art. 7.</h3>

Les jeunes gens qui désirent servir aux colonies contractent un engagement de cinq ans ; cette durée est réduite à quatre ans pour les soldats et caporaux des différents corps de l'armée. Ils reçoivent au moment de leur engagement une prime dont le chiffre est fixé chaque année par la loi de finances. Des rengagements peuvent être contractés pour une durée de cinq ans ; ils donnent lieu à une prime de rengagement, double de la prime d'engagement. A l'expiration de leur premier engagement, les hommes renonçant au service, sont affectés, pour le temps à passer dans la réserve, aux régiments de France du 20e corps ; ils ne sont rappelés qu'en cas de mobilisation, et uniquement pour le service métropolitain. Les hommes ayant fait deux périodes de service dans les troupes coloniales, sont versés dans la réserve de l'armée territoriale.

Art. 8.

Les militaires des corps de troupes ne faisant pas partie du 20e corps d'armée contractent, pour servir aux colonies, des engagements dans les corps auxquels ils appartiennent. Cette mesure n'est pas applicable aux bataillons d'infanterie légère d'Afrique et aux régiments étrangers.

Art. 9.

Les sous-officiers des corps de troupe qui demandent à être affectés au service colonial, contractent des engagements succesifs, d'une durée de 5 ans ; ils ont droit, en outre de la prime d'engagement ou de rengagement colonial, à tous les avantages pécuniaires accordés aux sous-officiers rengagés dans la métropole. La moitié des vacances au grade de sous-lieutenant dans les corps de leur arme du service colonial, leur est réservée.

Art. 10.

Les officiers demandant à être employés dans le 20e corps d'armée, s'engagent à y servir pendant 5 ans ; ils signent à la fin de chaque période un engagement de même durée.

Les officiers généraux sont désignés parmi ceux de l'armée. Les colonels concourent, avec ceux des autres corps, pour les promotions au grade de général de brigade. Les vacances dans les grades de colonel et de lieutenant-colonel sont réservées aux officiers du corps d'armée. Les trois quarts des vacances dans les autres grades leur sont également réservés ; un quart des vacances prélevé sur le tour de choix peut être accordé à des officiers des autres corps de troupe de la même arme. Le ministre de la guerre désigne les commandants, capitaines, lieutenants et sous-lieutenants qui peuvent être appelés à passer dans le 20e corps.

A l'expiration de la période d'engagement, les officiers qui demandent à rentrer dans le service métropolitain sont pourvus des emplois vacants dans leur arme. Un quart des vacances leur est réservé. Six mois après chaque retour des colonies, tous les officiers sont soumis à un examen médical ; ceux qui sont reconnus ne pouvoir servir aux colonies sont réintégrés dans les corps de leur arme, dans les mêmes conditions que ceux ayant terminé leur période d'engagement.

Les règles précédentes sont applicables aux fonctionnaires de l'intendance, aux médecins, pharmaciens, archivistes et officiers d'administration (1).

Art. 11.

Après trois ans de séjour effectif dans les colonies, les officiers ont droit, quand ils y sont en service, à un supplément de solde de 1/4.

Art. 12.

Les militaires de tous grades ayant servi effectivement dans les colonies pendant 9 ans, ont droit au minimum de la retraite attribuée par les lois de pension, à leur grade, ou au grade inférieur s'ils ne sont pas titulaires de leur grade depuis deux ans. Tout militaire comptant plus de 20 ans de service, dont 9 ans de séjour effectif aux colonies, a droit à une pension de retraite calculée conformément aux tarifs en vigueur, mais en substituant le minimum de 20 ans à celui de 25 ou de 30 ans, prévu suivant le cas, par les lois en vigueur.

Art. 13.

Le cadre de l'état-major général de l'armée est porté à   généraux de division et à   généraux de brigade.

Art. 14.

Les bataillons étrangers sont fournis par les deux régiments actuellement existants ; les officiers et sous-officiers ne sont pas assujettis aux conditions spéciales d'engagement prévues ci-dessus ; le service est assuré par un roulement établi dans le corps. Les avantages accordés par les art. 11 et 12 leur sont assurés.

---

(1) Il en serait de même des ingénieurs militaires si on confiait à un corps spécial le service technique de l'artillerie et du génie.

Art. 15.

Toutes les dépenses des troupes affectées au service colonial sont supportées par le budget métropolitain, sauf en ce qui concerne le corps d'occupation de l'Indo-Chine, dont l'entretien incombe au budget indo-chinois.

TABLE DES MATIÈRES

Paris. — Imprimerie PAUL DUPONT, 24, rue du Bouloi. — 4.2.88.Dx.